生命的寻路人
The Wayfinders

古老智慧对现代生命困境的回应
Why Ancient Wisdom Matters in the Modern World

［加］韦德·戴维斯 著

高伟豪 译

四川文艺出版社

图书在版编目（CIP）数据

生命的寻路人 /（加）韦德·戴维斯著；高伟豪译
. -- 成都：四川文艺出版社，2019.5（2025.8 重印）
书名原文：The Wayfinders: Why Ancient Wisdom
Matters in the Modern World
ISBN 978-7-5411-5177-4

Ⅰ.①生… Ⅱ.①韦… ②高… Ⅲ.①文化人类学—
研究 Ⅳ.①C958

中国版本图书馆CIP数据核字（2018）第231192号

THE WAYFINDERS:WHY ANCIENT WISDOM MATTERS IN THE MODERN WORLD (CBC MASSEY LECTURE)
By WADE DAVIS
Copyright © 2009 WADE DAVIS
This edition arranged with HOUSE OF ANANSI PRESS INC.
through Big Apple Agency, Inc.,Labuan,Malaysia.
Simplified Chinese edition copyright:
2018 Ginkgo (Beijing) Book Co., Ltd
All rights reserved.

本书为加拿大HOUSE OF ANANSI PRESS INC.授权银杏树下（北京）图书有限责任公司在大陆地
区发行简体字版本
本书译文由台湾远足文化事业股份有限公司 / 大家出版授权使用
版权登记号：图进字21-2018-509号

SHENGMING DE XUNLUREN

生命的寻路人

[加]韦德·戴维斯 著

高伟豪 译

出 品 人	冯 静	选题策划	后浪出版公司
出版统筹	吴兴元	编辑统筹	张 鹏
责任编辑	程 川 周 轶	特约编辑	刘 漪
责任校对	段 敏	装帧制造	墨白空间·李珊珊
营销推广	ONEBOOK		

出版发行	四川文艺出版社（成都市锦江区三色路238号）
网　　址	www.scwys.com
电　　话	028-86361781（编辑部）

印　　刷	北京盛通印刷股份有限公司		
成品尺寸	143mm×210mm	开　　本	32
印　　张	6	字　　数	130千字
版　　次	2019年5月第一版	印　　次	2025年8月第五次印刷
书　　号	ISBN 978-7-5411-5177-4		
定　　价	29.80元		

目 录
CONTENTS

第1章　棕鬣狗的季节

SEASON OF THE BROWN HYENA

我希望各地的文化之风都尽情地吹到我的家园，
但我不愿被连根吹走。

——圣雄甘地（Mahatma Gandhi）

比生物灭绝更快的语言

旅行之中，我最大的乐趣，莫过于和保有传统的人们一起生活。这些人在微风中感受到历史，在雨水刷亮的石头上触摸到过去，在植物叶子的苦味中品尝着古老。亚马孙流域的美洲豹萨满巫师还在银河外漫游，北美因纽特族耆老的神话仍能以其意蕴引发共鸣，西藏的佛教徒也还奉行着佛法法门。知道这些故事，我们便能记住人类学的核心启示：我们所处的世界，并非存在于某种绝对的意义中，而是现实的一种模式，是我们的特定文化谱系在许多世代之前做的一连串智性与心灵抉择的结果，成功与否则另当别论。

无论我们的旅伴是在婆罗洲森林中游牧的本南族、海地的巫毒侍僧、秘鲁安第斯高山上的巫医、撒哈拉红沙中的塔马奇克骆驼商队，抑或是珠穆朗玛峰山坡上的牦牛牧民，这些人都在教导我们，世上还有别的选项、别的可能，也还有另一种思考地球并与之互动的方式。这样的想法，让我们充满希望。

无数文化交织成生命的智慧与精神之网，覆盖了整个地球。对这个星球上的芸芸众生而言，这些文化跟生物的生命之网，也和我们熟知的"生物圈"同等重要。你可以把这个社会的生活网看成一个"族群文化圈"（ethnosphere），这个词或许最能概括人类自有意识以来，透过想象而形成的思想和直觉、神话与信仰，还有想法及灵感。族群文化圈是人类最伟大的遗产，是我们梦想的产物、希望的化身，代表我们全体的存在，以及人类这一求知若渴、适应力惊人的物种所创造的一切。

"生物圈"（生物的生命母体）因栖地破坏及动植物物种灭绝而受到严重侵蚀，同样的，族群文化圈也面临威胁，只是速度更快。举例来说，没有生物学家敢断言 50% 的物种已濒临绝种，这几乎是生物多样性最接近末日的情景，但若是声称文化多样性面临的是此种程度的濒绝，那么，用太过乐观来形容也都还太过乐观。

语言失传便是关键指标。语言就像是"煤矿坑里的金丝雀"①。一种语言绝对不仅是一组文法或词汇。语言是人类的灵光一现，特定文化的灵魂与物质世界接触的媒介。每种语言都是心灵的古老森林、思想的分水岭、精神潜能的生态系统。

在当今七千种还在使用的语言中，有整整一半的语言并未传给下一代。事实上，除非做出某些改变，否则这些语言

---

① 由于金丝雀对瓦斯非常敏感，微量瓦斯就会让金丝雀焦躁、啼叫甚至死亡，因此矿工会将金丝雀放在矿坑中作为是否要撤离的判断工具。"煤矿坑里的金丝雀"便有早期预警的意思。——译注

在我们的有生之年就会消失。世界上有半数的语言正濒临灭绝。想想看，你将被沉默包围，成为族人里最后一位讲母语的人，再也无法传承祖先的智慧，无法预见后代的前景，还有比这更孤寂的事吗？这种悲惨的命运在地球上大约每两个星期就发生一次，成为某些地方、某些人的真实困境。平均每十四天就有一位老人死去，某种古老语言的最后几个音节也跟着他进入坟里。这件事意味着，在一两个世代之内，我们将会目睹整整半数的人类社会、文化和智慧遗产消失殆尽。这是我们这个时代看不见的真相。

有些天真的人会问："如果我们都讲同一种语言，世界不是会更美好？促进沟通不是让我们更容易相处？"我的答案总是："这想法很好，但让我们把那个共通语言换成北美海达语或西非约鲁巴语、北美拉科塔语、北美因纽特语或非洲闪族语……"人们马上就能理解不能讲自己的母语所代表的意义。我没办法想象一个不能说英语的世界，原因不在于英语是多美的语言，而是因为英语是我的语言，英语完整展现了我这个人。但同时，我也不希望英语像某种文化神经毒气那样消灭其他的人类之声，清除世上其他的语言。

语言在历史上也是来来去去。巴格达的街上已经听不见巴比伦语，意大利的山丘上也没人讲拉丁语。让我们再次将语言比拟为生物。虽然灭绝是自然现象，但大体而言，在过去的六亿年间，物种形成以及新型态生命演化的速度比绝种来得要快，世界因而越来越多元。拉丁语在罗马逐渐消逝，却在罗曼语系（Romance languages）的语言中找到新的表达①。如今，正如生物学家认为动植物正以前所未见的速度迅速灭绝，语言也正以类似的速度死亡，不再有后人传承。

生物学家认为可能有 20％ 的哺乳类、11％ 的鸟类和 5％ 的鱼类正受到灭绝的威胁，植物学家也预计植物多样性将会减少 10％，而同时，语言学家和人类学家则目睹半数现存于世界上的语言即将消失。有六百多种语言的使用者在百人以下，约三千五百种语言只有全球 0.2％ 的人口使用。相比之下，最普遍的十种语言则蓬勃发展，有半数的人类以之为母语。八十三种语言的用户加起来便占去世上整整八成的人口。但是其他声音所构成的诗、歌曲和知识呢？正是这些文化守卫、监护着世上 98.8％ 的语言多样性。难道长者的智慧只因为他沟通的对象只有一位，就比较不重要吗？难道民族的价值只在于其人数吗？正好相反。每一种文化都是家族树形图的重要分支，都是知识与经验的宝库。在未来，这些文化也可以是我们找寻灵感与前景的来源。麻省理工学院的语言学家海尔（Ken Hale）在过世前不久说："当你失去一种语言，就等于失去一种文化、一项智慧遗产、一件艺术品。那就好像丢一颗炸弹到卢浮宫。"

我们究竟面临什么样的威胁，又能为此做些什么？近

---

① 拉丁语是古罗马帝国使用的语言，虽然后来已消亡，却深刻影响后来西方世界的语言与文明，其中便包括当代法文、西班牙文、意大利文所属的罗曼语系。——译注

年来有些书籍歌颂席卷全球的科技与现代性，提倡世界是平的，人类无须通过移民来进行改革。他们认为世界正在融合成单一实体，由特定的经济学模型主宰，到处都将能够看到未来，而且是立刻看到。每当读到这些书，我只能说我走过的世界一定跟这些作者不一样。我有幸见到的世界，几乎可以保证**不是平的**，这也是我希望通过这系列演讲来呈现的。这个世界高高低低，遍布山巅与低谷，充满引人好奇的异象或妙不可言的事物。历史并未停下脚步，在今日，文化变动与转化的过程也一如既往充满活力。那些只用自己那套单一文化典范来理解各种经验的人，看到的世界只有单一色调。但对于那些用双眼去看、用心去感受的人而言，这世界依旧保有丰富而复杂的心灵地貌。

遗传学与文化多样性

要颂扬文化和多样性，结果却从遗传学开始谈起，听起来似乎很怪，但这的确是一切的起源。我在国家地理学会的朋友兼同事韦尔斯（Spencer Wells）主持学会的"基因地理计划"（Genographic Project）[1]已近十年，这项雄心勃勃的全球计划试图要从时间和空间追索人类原始的发展历程。而韦尔斯和其他人口遗传学家的研究结果揭露了

---

① "基因地理计划"始于 2005 年，由美国国家地理学会与 IBM 联合发起，在世界各地采集不同人种的十万份样本，然后将基因分析用于解释人类在地球上的迁移史，绘制出"基因地图"。——译注

当代科学的重大发现。正如同韦尔斯所言，我们是十亿年来演化转变的成果。以四个简单字母编码的人类 DNA 就像是份历史文件，可以回溯生命源头。这则史上最浩瀚的故事诉说着探索与发现，不止留存在神话里，也流在我们的血液中，而我们每个人都是其中的一段章节。

我们身体的每个细胞都由一种神奇的东西所驱动，即双螺旋体。由四种分子（四个简单的字母 A、C、G 和 T）构成的双螺旋体以复杂的序列相连，编写出人类存在的脉动。人体的深处包裹、盘绕、编织着六十亿位元的资料。倘若将一个人体内的 DNA 摊开来排成一直线，这条线不只能排到月球，还能从地球绕月球三千圈。当然，在实际生命中，这条链子、这个神秘的遗传，是分裂开来，包在四十六个染色体里世代相传的。在每组新配对、每个新生儿中，这些染色体都会洗牌重组，因此每个人生下来都会从父母基因中得到一组独特组合。

关键线索在于每个细胞核都有 Y 染色体，这是决定男性性别的要素，延伸的范围约含五千万个核苷酸，几近完好地从父亲传给儿子。而每个细胞的线粒体，也就是制造能量的细胞器中，DNA 也是如此几近完整地代代相传，然而是由母亲传给女儿。正因如此，这两条 DNA 就像是时光机，为我们开启一扇通往过去的窗。

人类 DNA 的三十亿核苷酸中有 99.9％ 是人人相同的，但剩下的 0.1％ 就是谜底。因为原始编码的差异，本身就藏着追索人类祖先发源的重大线索。在基因数据转录与复制

的过程中，三十亿位元的数据难免出现差错，例如在字母
A 应该出现的地方跑出 G 来，这就是突变，而且无时无刻
不在发生。基因不会猛然剧变，很少因为单一突变就出现
表现型变异①。基因编码里单一字母的置换并不会改变一个
人的肤色或身高，更遑论其智力或命运。不过，这样的基
因变化的确牢牢编码在此个体后代的基因里。这些经由遗
传得来的单一突变便是基因标记，也是韦尔斯笔下的"缝
焊与点焊"（seams and spot welds），让人口遗传学家在
过去二十年间得以重构人类起源与迁徙的故事，其精准程
度在一个世代以前无法想象。透过研究个体间的 DNA 相异
处而非相同处、长期追踪 DNA 标记的表现，或同时观察数
以千计的标记，便可确定族系血统。两株相互交缠的演化
之树，一株来自父与子，另一株则源于母和女，构筑出一
整场人类时空旅程的轮廓。

　　大约在六万年前，所有人类都居住在非洲，这已是无
人异议的科学共识。之后，气候与生态条件可能生变，使
得非洲草原沙漠化。一小群男女幼小，可能少至一百五十人，
走出了古老大陆，成为史上的第一批移民。驱动人类几波
大迁徙浪潮的动能为何，我们并不全然清楚，不过可以想象，
对食物与其他资源的迫切需求是主要原因。当人口增长超
过土地的负载力，就会有人离开出走。DNA 纪录透露这一

---

① 表现型（Phenotype）是生物学名词，意指一生物的外观形貌或成分，例如高度、
　色泽与血型等特性。在过去无法直接观察 DNA 的年代，表现型就成为判别一
　生物基因型的重要元素。——译注

小群人离开时，只带走非洲人口基因多样性中的一小部分。我再重申一次，这些差异并不会反映出表现型，它们只是标记，在一幅辽阔的文化地图上标出记号，透露我们的祖先在何时何地踏上了康庄大道。

第一波移民沿着亚洲海岸线展开，距今五万年前便已跨越亚洲的下腹部抵达澳洲。第二波移民则是经由中东移往北部，再转向东，约四万年前再次分裂，往南迁徙至印度，向西向南经东南亚至中国南部，往北进入中亚。接着从这里开始，两起迁徙将人群带离世上最大一片陆地的心脏地带上的险恶群山，向西前往欧洲（三万年前），向东至西伯利亚（两万年前）。最后，约一万两千多年前，又有新一波移民离开中东进入东南欧，也有人从中国往北迁，一小撮猎人跨过白令海峡陆桥，建立人类首次在美洲出现的纪录，而他们的子孙则在两千年内抵达火地群岛①。我们人类从非洲的简陋发源地出发，经过一场为时四万年、延续两千五百个世代的旅程之后，已经在世界上所有适合人居的地方落脚。

在我们继续深入探讨之前，有必要解释何以基因研究如此重要，因为这确实能为下文即将触及的主题与议题提供基础。除了阿波罗从太空传回来的地球影像之外，科学对我人生最大的影响是解放人类的灵魂，使我们脱离自有记忆起便折磨着我们的浅薄偏见。身为人类社会学家，我

①火地群岛（Tierra del Fuego），南美洲最南端的岛屿群。——译注

所受的训练使我相信历史与文化是影响人类事务的首要关键。人类学始于试图解读相异的他者，希望能借由接纳各种独特新奇的文化特色与可能性，使我们更能欣赏并理解人性及人类本身。不过，从一开始，这个原则便不断被每个时代的意识形态所挟持。19世纪的自然科学家面对达尔文演化论的冲击，却依然努力分类各式物种，同时期的人类学家却成了王权的仆人，被派去遥远的属地充当帝国代理人，任务是了解陌生部落的民族和文化，并从中找出管理和控制他们的适当方法。

从研究鸟喙、甲虫及藤壶①的过程中提炼出来的演化论，悄悄地渗入社会理论，某种程度上正切合那个时代的需要。人类学家斯宾塞（Hertbert Spencer）正是提出"适者生存"一词的学者。当时美国正利用黑奴的劳力建国，而英国则阶级分明到富家子弟的平均身高竟高出穷苦小孩十五厘米之多。这套理论为种族和阶级差异提供了科学解释，自然广受欢迎。

演化论认为时间会带来改变，加上维多利亚时代迷信进步，两者结合，影射了人类事务也有其进程，也有一道通向成功的阶梯，领着人们从原始进入文明，从非洲部族村落走到伦敦与炫目的繁华大街上。世上众文化因此成了一座活生生的博物馆，展示的每个社会都代表镶嵌在时间轴上的演化片刻，任何阶段都在想象中向上通往文明。这

---

① 藤壶（Barnacles），甲虫类的一种。——译注

样的想法来自维多利亚时代笃定的正义感，也就是进步的社会有义务去协助落后者、去开化野蛮民族。这种道德责任同样非常符合帝国需求。

"我们刚好是世上最优秀的民族。"罗德斯[①]说过这句名言，"我们在世界上越多地方定居，对人类就越好。"第十一任印度总督寇松（George Nathaniel Curzon）也同意这一点，他写道："在世界历史上，没有任何事物比大英帝国更伟大、更有益于全人类，我们必须全心全力去维持其存在。"当被问及为何印度的殖民政府连一个印度本地人也没雇佣时，这位总督回答："因为在这个次大陆的三亿人口中，没人能胜任这份工作。"

人类学家建构了种族至上论及维多利亚时代英国的优越感之后，便着手证明他们的观点。而以错误的科学测量来研究人类，始于所谓的颅相学家。他们用圆规和直尺去测量并记录头盖骨形状的细微差异，因为他们假定这种差异会反映人类智能的先天差异。不久后，体质人类学家对全世界各种族的人进行测量与拍照。这些方法全有个极为错误的观念，就是认为光凭比较人类的身体部位、臀部形状、头发的质地，以及皮肤颜色（当然了），就能将各人种完整地分门别类。生物学分类之父林奈在 18 世纪晚期就已认定所有人类都同属于 Homo sapiens（人属智慧种，智人），意思是"智慧之人"。但他为了避免出错，多分了五个次

---

① 罗德斯（Cecil Rhodes），19 世纪英国商人、南非矿业大亨，于 1880 年成立钻石采矿公司 De Beers。——译注

种类，分别为非洲人（afer）、美国原住民（americanus）、亚洲人（asiaticus）、欧洲人（europaeus），还有最后一个统括的类别，叫**异类**（monstrous），所有在欧洲人眼中看来非常怪异而无法分类的人都归入此类。

林奈之后一个多世纪，体质人类学家选择性地误读达尔文学说，并从中得到启发，毫无怀疑地接受了种族的概念，而学者与探险家也把确认这类偏见视为自己的日常工作与责任。许多人纷纷着手记录种族冒险，其中之一是英国军官探险家韦芬（Thomas Whiffen），当比利时人正在非洲大肆屠杀数百万刚果人时，他顺着哥伦比亚亚马孙流域的普图马约河而下，将这片森林描述为"天性狠毒、可怕、邪恶的敌人，空气中充斥着倾倒草木慢慢蒸发腐败所发出的刺鼻、窒息、滞郁、陈腐的气息。所谓爱好和平的温驯印第安人，只是人们自作多情的想象。事实上他们天性残忍"。他补充道，"跟他们住了一年，让人对他们的兽性作呕。"在那个数千名波拉族（Bora）与胡伊多多族（Huitoto）遭到奴役与屠杀的年代，韦芬给旅行者的建议是探险队人数不要超过二十五人。他写道："依循这个原则，你将会发现所带的行囊越少，能够携带的来福枪就越多，探险队才越安全。"

他在 1915 年出版热门书《西北亚马孙》，声称他遇上了食人族庆典："'俘虏'被吃得筋骨不剩，一场疯狂的野蛮节庆……那些人瞪大了眼、鼻孔翕张……全场弥漫着谵妄。"同时代研究相关领域的学者或许没这么夸张，但同样支持"阳具学派的体质人类学"——陶西格①的委婉说法。法国人类学家霍布雄（Eugenio Robuchon）也曾沿着号称"死亡之河"的普图马约河而下，他写道："总的来说，胡伊多多族较为瘦弱胆小。"他书里的另一章如此开头："胡伊多多族有灰铜色的皮肤，依照巴黎人类学会的肤色图表②，相当于编号二十九和三十中间的色调。"韦芬书中的一则脚注写道："霍布雄指出胡伊多多女人的乳房呈梨形，照片清楚显示梨形胸部及指状乳头。我发现其实更像球体的一部分，乳晕并不明显，乳头呈半球状。"

并非所有人都乐于测量胸部与头颅。对世界尚有憧憬的人逆转达尔文理论，试图建立更好的新社会。优生学的意思是"生得好"，这股风潮在 20 世纪前后开始兴盛，鼓励大家选择养育健康、结实的婴儿，目的在于改良人类的基因库。到了 20 年代，这种观念开始转化，变成强迫节育并淘汰异常者。如果有人能够以选择性养育的方式来改良基因库，当然也就可以通过屠杀不良分子来达成相同目标。这就是当时扭曲的科学原则，使德国人有合理的借口去屠杀、有系统地灭绝数百万无辜的人。

有鉴于这段不堪的历史、颅相学荒唐可笑的企图、优生学造成的大屠杀，以及科学界长久以来即使是在鼓吹一些不可靠的论点时依旧不减的自信与狂妄，难怪很多人（尤

① 陶西格（Michael Taussig），1940 年出生，哥伦比亚大学人类学博士，致力于钻研马克思商品拜物教的思想。——译注
② 这是一张将人类肤色由白至黑等色度区分出之色度表。——译注

其非西方社会的人）对任何解释人类起源与迁徙的理论保持深切怀疑。这些研究主要是采集偏远孤立民族的血液进行分析，徒然加深原有的愤怒与担忧。原住民尤其深感受辱，因为他们的家园在故事与神话里一向神圣不可侵犯，但却有人声称他们的祖先并非从创世之初就住在这片家园。更有人指控，我们在基因遗传上的科学新发现会导致更剧烈的种族冲突，迫使某些部落的人离开他们记忆中世代居住的土地。

我确信这些恐惧都是杞人忧天。历史告诉我们，强势的团体若要摧毁弱小者，无须任何理由。我也不相信从这些新研究衍生出来的任何理论会破坏平衡，从而直接或间接地剥夺某一民族的生存权。纳粹确实是诉诸基因和种族相关的伪科学来合理化种族大屠杀，但正如同平克（Steven Pinker）所提醒的，认为人性具有后天可塑性的伪科学幻想会导致种族屠杀，其卑劣及毁灭性和纳粹不相上下。平克写道："对人类最大的威胁，不是对人类天性及后天养育的好奇，而是将意识形态单一化，否认人权的存在。"

知识不会对文化造成威胁。更进一步说，上述研究成果只会产生某种类型的知识，也只能以特定的世界观来解释。海达族印第安人以神话记载自己的起源，例如如何在海达瓜伊（Haida Gwaii）落地生根，但西方科学很明显地否定他们的文学诠释。然而这样的否认丝毫压抑不了海达印第安人的灵魂，也说服不了我的朋友，即海达的国会议长古裘（Guujaaw），无法让他相信自人类从蚌壳里出生、乌鸦从天空溜出来偷走太阳以来，他的族人都未曾占据这片列岛。科学推断认为海达印第安人可能"来自他方"，这也是正统人类学长久以来的立论基础，但这所谓的科学"真相"丝毫动摇不了海达族今日的威势权力。他们之所以能够用国对国的姿态跟加拿大政府交涉，非关祖先的神话故事，而在于他们拥有的政治权力，在于双方一开始接触时他们就已住在当地的先天证据，以及像古裘这般的领袖是否有能力在全世界动员支持他的人民。

　　科学只是获取信息的方式之一，而科学的目的也并非得出绝对的真理，而是激发我们，让我们以更好的方式去思考各种现象。到了晚近的 1965 年，美国人类学家库恩（Carleton Coon）写了两本书，分别是《种族的起源》（*The Origin of Races*）和《现存的人类种族》（*The Living Races of Man*）。在书中，他继续发展人类有五支不同次种族的理论。显然从林奈的时代以来，这个领域的进展不大。库恩认为欧洲人能够主宰政治与科技，是基因演化出来的优势所形成的自然结果。他甚至断言："种族混合会扰乱群体内基因与社会的平衡。"库恩当时是美国体质人类学协会的主席、宾州大学教授，并在校内的考古暨人类学博物馆担任民族学负责人。

　　当时正值种族歧视[①]与种族隔离政策的最后几年，这

---

① "吉姆·克劳法"（Jim Crow）系 19—20 世纪左右在美国南方州实行的种族隔离政策。——译注

样的说法既有利于当局，也依旧被学术界正色看待，即使那已是近代的 1965 年。因此当我们面对人口基因领域的新近研究成果时，难免感到踌躇。然而，当科学界主张终结种族之见，而且斩钉截铁地揭露种族之分是出于虚构时，我们仍需认真倾听，希望科学家至少这次是对的。

而他们这次对了。他们笃定地指出人类的基因天赋是个单一连续体，从爱尔兰到日本、从亚马孙到西伯利亚，各种人口并没有明显的基因差异。有所不同的，是地理条件。人类总体基因多样性有 85% 都位于世界上最偏远的社会中。假使其他人种因大规模的传染病或战争而消灭殆尽，那些瓦拉尼人（Waorani）或巴拉萨纳人（Barasana）、朗迪耶族人（Rendille）或图阿雷格人（Tuareg）的血液可能就拥有全部人类的基因天赋。一种文化就像一座神圣的精神与心灵储藏库，而这七千种文化中的任何一种可能都蕴含着让人类多样性再生的种子。

这项发现意义重大，生物学家与人口基因学家终于证实哲学家长久以来的梦想：事实上我们都是兄弟姐妹，大家全是从同一块基因布料上裁剪下来的。

由此可见，所有文化本质上都具有同样敏锐的心智及先天禀赋。西方人将智能及潜能运用在创造惊人的科技革新上，澳洲原住民则用来做他们最重视的事，也就是在神话固有的复杂记忆思路里穿梭——无论是何者，其实都只是一种抉择、方向、应变的智慧，以及文化偏好。

在文化历史上，进步并没有等级之别，没有社会达尔文主义那种成功之梯。维多利亚时代认为欧洲工业社会自傲地坐在进步金字塔的塔顶，而所谓的原始世界则位在金字塔最宽的底层，这种野蛮与文明的观念如今早已被彻底扬弃。其实科学也轻视这类种族与殖民主义式的傲慢。卓越的科学研究及当代基因学的发现在某种程度上让人惊叹，证实了人类之间共通的本质。我们共享同样的神圣天赋，骨子里也写着共同的历史。正如同本书所传达的，世上有无数文化，这些文化不是在现代化之途上跌跤的失败品，更不是无法成为我们的模仿品。每种文化都是人类想象力与心灵的独特展现，都是一个基本问题的独特答案：人生而在世究竟有什么意义？世上的各种文化以七千种声音响应了这个问题，共同汇整成一套人类的剧目，使我们在接下来的两千五百个世代，甚至当我们踏上永无止境的旅程时，能共同面对人类此一物种在未来的各种挑战。

从未走出非洲的古老民族——闪族

但是数千年前出走非洲的那些人究竟是谁？长什么模样？如果我们透过遗传基因标记来追踪他们之后的旅程，可能会找到一支从未离开非洲的人种，他们的 DNA 也不会有突变的迹象，因为突变是发生在一波波将我们的祖先散播到全世界的移民潮中。如韦尔斯在研究中再次强调的，实际上人类学家已经找到这支人种，并沉迷于他们的文化数十年。那就是闪族人，人口约五万五千人，在今日卡拉哈里炙热的沙漠上散居：从博茨瓦纳、纳米比亚到安哥拉南部，范围广达八万四千平方公里。闪族的祖先长久以来都被认定是一支遍布整片次大陆的民族，尤其是东非，之后他们的土地接连被农人和牧民占去，只能成为丛林人、居无定所的猎人及采集者。族里男男女女靠着精确而严谨的知识存活在地球上最严峻而荒芜的沙漠地表。这堆惊人的生存资讯，这个智慧的收纳盒，都封存在该族母语的文字与声音里。闪族的母语本身就是语言学上的非凡成就，与所有已知的语系都毫无关联。日常英文里我们使用三十一个音，闪语则有一百四十一个音。众多语言学家认为闪语的抑扬顿挫及舌尖摩擦上颚的窣杂声反映了语言最初生成的样态。实际上，基因数据显示确实可能如此，因为闪族没有关键的基因标记，代表该族是人类种族树形图上的第一支。如果爱尔兰人和拉科塔人、夏威夷人与玛雅人是树枝，闪族便是树干，极可能是世上最古老的文化。当其他人决定要出外时，闪族选择留守家园。

20 世纪初期，由于酒精和教育的影响，以及追寻错误且扭曲的发展路线，让许多闪族人失去生命。在此之前，闪族人顺着自然世界的节奏生活或许已有万年之久。他们的选择不多，因为让他们生存下去的，是预测季节的一切细微变化、观察动物的一举一动及倾听植物生长声音的能力。水在过去一直是个挑战。卡拉哈里沙漠一年有十个月没有固定水源，只能在树洞里寻找，从有空心芦苇的泥地下汲取，或者贮藏在鸵鸟蛋壳内，用草塞住，然后标上主人的记号。一年中大部分的时间，唯一的水源是从植物根部找到或从动物内脏里挤出的液体。

五月到十二月底的旱季期间，闪族不断迁徙。虽然他们认为自己基本上是猎人，但还是要靠植物维生，每个成人一天吃掉五公斤的野生甜瓜。当野生甜瓜没了，就只能把土挖开，而且在这个人体每天排出三升汗液的沙漠环境，要二十个以上的大型块茎才能养活一个人，而每一个块茎都要从沙里挖出来。最恶劣的那几个月名为"棕鬣狗的季节"，闪族会在地上挖坑，用尿液将土浇湿，然后躺在一层薄沙下不动，在苍蝇折磨中等待一天最热的时间过去。阳光在这里并非生命之源，而是死亡之兆。然而，最贫瘠的时刻也是希望来临之时，因为十月开始出现小雨。毛毛雨一落下，干旱期便宣告结束。接下来的三个月，也就是从十月到十二月，大地一直苦候雨季的征兆，但雨水从来不够。那些有幸居住在永久水源周遭的人全缩在小小的营地中。多数人在黎明和黄昏时分外出寻找根茎食物。热气依旧，干燥的风扫过棕色草原，亡灵化身为小型尘暴卷过灰黄地平线。

终于，雨水在一月落下。接下来三个月，人们开始欢庆大地重生、万物欣欣向荣的季节。但在卡拉哈里，雨量并不稳定，有时云层膨胀成大型雷雨云，轰隆之声劈开天空，在一小时内向土地倒下了八公分高的雨量。但也有些年就是不下雨，整个雨季的降雨量不超过五厘米，人们必须向下挖几米深入不透水层，才有可能找到一些水。即使在雨季，人们还是有可能渴死。

　　情况好的年头，雨水相对丰沛。沙地上出现一洼洼水，人们组成一支支小队四处游走，只用挖掘棍、集水袋、编织网及鸵鸟蛋壳取水。不同的大家庭偶尔会聚集起来，一起庆祝果实或种子收成，以及捕获猎物。他们并非随意漫游，每条路线都会横跨已知之地，或是充满故事的古老地域。每块土地的特定资源都属于某一群人，那可能是一棵树或灌木，或是蜂蜜的来源，而蜂蜜是珍贵无比的琼浆玉液。群蜂之母是创造万物的天神之妻，闪族人会为蜂蜜泉源命名，加以保护，若有人敢侵犯，是足以处死的罪行。

　　一年中最令人喜爱的时光是四月，那是猎人的季节。尽管闪族的饮食以植物为主，但肉类还是大家最想要的食物，而狩猎正是让男孩转变成男人的活动。到了四月天，雨水几乎都已驱走炎热，沙漠的冬日酷寒则尚未进驻。遍地是成熟的果实，分布在地面下、藤蔓上、树木或灌木的枝条上。羚羊才刚产下幼崽，又肥又多。男性会组成小型狩猎团体，把居住地域抛在脑后，一天在沙漠中走上六十公里，入夜再返回营火处与家人相聚。他们装备轻简，只带着短弓和一筒箭，箭袋由树皮做成，袋口用猎物的阴囊盖着。此外还有生火的树枝、喝水用的空心芦苇草、刀、短矛、修补东西用的植物树脂、烤肉用的尖棍。

　　组队打猎的闪族男性会特别留意风吹草动，任何事情都逃不过他们的法眼——叶片的卷曲、树枝断裂的方向，以及路径的宽度、形态和状况等。由于沙子会记录一切事物，所以闪族人很难通奸，因为他们能认出每个人的脚印。此外，闪族猎人单从动物的足迹便能辨认动物前进的方向、时间及速率。他们足智多谋，还常跟凶猛的肉食性动物如花豹或狮子争夺猎物，要猎杀数量惊人的动物也不在话下。他们挖了洞，在洞里放涂满毒液的木桩以捕捉河马。他们也冒着生命危险踹大象的后脚跟，快速挥出斧头，让这般巨大的动物毫无招架之力。他们在狮子的猎物旁伺机而动，等到狮子餍足，再把这懒洋洋的大猫逼开。另外，他们设网猎鸟，也追捕羚羊，那通常要花上好几天时间。闪族的弓很短，威力又小，有效射程只有约二十五米。他们的弓箭也很少能刺穿猎物，只会刮伤皮肤。但这就够了，因为箭头涂有致命毒料，那取自两种甲虫类的幼虫，这些虫靠一种叫作非洲没药（Commiphora africana）的沙漠植物叶子维生。他们找出成群的甲虫堆，剥掉外茧，将之储存在羚羊角做成的容器里。他们用指尖来回搓动幼虫，软化虫子的内部却不破坏表皮，然后挤出稠状物，晒干的毒液一旦射入血液中，便会引发痉挛、瘫痪和死亡。

打猎是种象征，带领我们进入闪族生活的核心。没打过猎的男人不算真正的男人，只是孩子。男人想结婚，就得带着猎物去见新娘的父母。第一次捕获羚羊是猎人青春时期最重大的时刻，父亲会在他的皮肤上记下这一刻。父亲用骨头在猎人身上划开一道浅浅的伤口，然后将肉与脂肪混成的东西抹在伤口上。猎物若是公的，疤痕要留在身体右侧；母的，疤痕便留在左边。这道刺青把猎人之心刻在男孩身上，那是强大的魔力来源，因为对闪族而言，狩猎不单是捕杀，也是与猎物共舞。通过此一仪式，猎物最后转变成真正的贡物与祭品。每场狩猎都以精疲力竭告终，当羚羊意识到无论它怎么做都无法逃离猎人的手掌心时，它就会停下脚步，转身，然后弓箭就飞来了。

大型猎物的肉食由营地的所有人共享，分配的方式并非由捕获的猎人决定，而是射中动物的那支箭。闪族男性通常会互相赠箭，骨制的箭头、优雅的箭身、完美调制的毒液，无处不显示出闪族工艺技术的高超成就。但箭的影响力主要在社会层面，一次次相互换箭所建立的互惠关系让闪族更团结，回绝赠礼代表敌意，接受礼物则表示承认双方既有关联亦有义务。弓箭所代表的，不只是必须通过交易来履行的债务或在时间内付出的回报，更是一种终身责任：让个体融入更大的社群里，把年轻人领进猎人的国度，也将猎人带回家庭与神圣的营火旁。

若说闪族将阳光视同死亡，火便是象征着生命、族人的团结及家庭的存亡。男方送女方一份肉礼，两人便缔结了婚约，而女方只要一回到娘家的营火旁，婚姻便随之告终。母亲在黑暗中分娩，回到营火边宣布产子。长者一旦过于年迈体衰，无法再与众人为伍，就会被留下来静待死亡。他的周边会围着一圈荆棘灌木，以防鬣狗靠近，脚边则放着一把火，照亮他的来生之路。闪族有两个主要的大神，一个是东方天神，一个是较小的西方之神，它是负面与黑暗的来源，也是亡灵的守护者。为了避开西方之神，不让疾病和厄运上身，闪族人会围着火堆跳舞，让自己陷入恍惚。位于腹腔的生命能量化成蒸气，顺着脊椎向上爬到头颅，在体内弥漫，将灵魂旋入更高的意识中。这场疗愈之舞结束之前，围着火堆的猎人会把自己的头颅放在火红的木炭上，以逗弄烈焰与神明。

语言、秘密行动、精神、应变的天赋，让闪族得以存活于卡拉哈里沙漠，而我们的老祖先可能也把这些特质从非洲带了出来。但不论是当今闪族的民族志描绘，抑或还未受现代殖民主义摧毁的闪族生活，都让我们有些根本的疑问：我们究竟该如何沿着时光追溯，去触及这些大地浪人的本质。这些先人在地球上所有适合人居的地方找到了自己的生存之道，他们知道些什么？如何思考？除了那些求生存的原始挑战，还有什么启发了他们？一如我的诗人好友艾许勒曼（Clayton Eshleman）的优雅提问：是什么点燃了想象力的"原始引信"[1]？毫无疑问，那标示出人类起源的确切时刻，人类意识就此开展，创造了文化。在某个时间点，一切于焉展开。

就我们所知，原人血缘可追溯至几百万年前的非洲，而现存最早的骨骸是一名三岁女孩，由古人类学者阿莱姆塞吉德（Zeresenay Alemseged）于 2006 年在埃塞俄比亚阿法尔沙漠发现。他将她命名为南猿人属阿法种，因为她

---

[1] "原始引信"（juniper fuse），是旧石器时代晚期用杜松树枝做成的灯芯，因此能够开始燃火，让洞穴内开始有了光明，产生洞穴壁上的影子，启发了人类的想象力，开始走向现代之路。——译注

是在阿法尔被寻获，并在该地长眠了三百三十万年。我们这种"人属智慧种"（智人）则要到二十多万年前才开始演化。当时我们有直接的天敌，人口数时多时少，一度几近灭绝边缘，大概只剩一千人，但某种东西把我们从灭绝边缘拉了回来。

在历史上，大多数时间我们都与原人族系的另一支共享这个世界，也就是我们的远亲尼安德特人。他们跟我们一样是直立猿人的后代，显然已有意识，能使用工具。有证据显示他们早在七万年前就有慎重的葬礼。我们这个品种拥有竞争优势，不论那是由于脑部尺寸变大、语言发展或其他演化触媒，这种优势最终都以惊人的方式推动自己的命运，这种智力的迸发让尼安德特人上气不接下气地讨饶。

我们在法国西南部及越过比利牛斯山的西班牙地底下，目睹了这种精神的原始灵光。两万七千年前，最后一群尼安德特人默默离开了欧洲，而在那之前的数千年，我们的直系祖先便已创造出惊人的旧石器时代晚期洞穴艺术。他们深入地底，穿越狭隘的通道，在洞穴内用粗陋的现实主义风格画出他们崇敬的动物，或单只或成群。他们燃亮动物油脂，在闪烁火光下利用石壁的纹路使画作栩栩如生，即便今日画作中的动物早已灭绝，整个山洞却依旧活灵活现。

这些在肖维洞（Chauvet）、阿尔塔米拉洞（Altamira）以及后来的拉斯科洞（Lascaux）与派许摩尔洞（Pech Merle）发现的具象艺术非常精巧细致，其惊人之处不只来自本身的超凡之美，更因这些画作告诉了我们，人类潜能的光芒曾通过文化成形。他们利用红赭石与黑锰、氧化铁与木炭创造斑斓的色彩，使用鹰架，还运用不同技法涂上颜料，这种技巧本身就非常出色，也显示当时具有相对复杂的社会组织与专门分工，后者也反映了旧石器时代晚期制造器具的技能，能用燧石敲出精美的刮片与刀具。负空间①与阴影的运用、构图与透视法的概念，用叠加的方式呈现不同时间点的动物形体，无处不显示出高度演化的艺术美学，而这也意味着当时的人已有深层表达的渴望。

　　我最近跟艾许勒曼在法国多尔多涅（Dordogne）待了一个月，他研究洞穴艺术逾三十年，一切从 1974 年春天一个命中注定的早晨开始，套句他的说法，他放弃了蓝天鸟语的世界，前去狭隘黑暗却让他身心充满"神秘热情"的国度。恰如他的许多观察员前辈，他身处隔绝感官的洞穴中，对所见及所感既惊叹又困惑，他的想象力在意识与吞噬一切的世界间摆荡，那是"一座活生生而深不可测的水库，储满通灵力量"②。他不只注意岩石上的画作，也留意没画在岩石上的东西：野牛与马是最常出现的动物，肉食性动物最为少见。这些画像孤零零地飘浮着，没有背景，也无地平线。人像并不多，没有打斗画面和狩猎场景，也没有肢体冲突。

---

① "负空间"在艺术上指画作主体（正空间）以外的背景周边范围，若将主体与周围的颜色对调，常会使负空间形成画作主体，仿佛变成了主题不同的另外一幅画作。——译注

② 引自其诗人朋友艾许勒曼的诗作（Juniper Fuse）。——译注

弗莱（Northrop Frye）想找出这些画作的目的，却徒劳无功。他写道："我们或许可以使用**宗教**、**神奇**等字眼，但事实上，作画者的动机中有某种复杂性、迫切性及极为庞大的力量，对此，我们至今仍无法掌握，更遑论重现当时的情景。"弗莱将动物画作视为"人类将知觉与能力延伸到他们在生活中看到的强悍之物"。艺术家试图将"潜藏在大自然的活力、美丽与难以捉摸的壮丽融入敏锐的心灵"，就如同把动物形体绘上岩壁。我们用人类的双眼观看动物，然后"怀疑自己是不是真的看到了披着动物皮也认为自己是动物的魔法师或巫师"？

艾许勒曼也发现洞穴艺术的作用不仅是唤起打猎的魔力，他指出人类在过去的确具有动物性，直到之后的某一刻（不论我们承不承认），人类有意识地让自己脱离了动物界，成为今日我们所认知的独特个体，而这门艺术便是向这一刻致敬。从这个角度来看，该艺术就如艾许勒曼所说，根本像是一叠"怀旧的明信片"，惋惜那段人类与动物曾为一体的已逝时光。原始萨满主义便是第一股巨大的精神脉动，企图通过宗教仪式去调和甚至重建一段无法挽回的分离。

或许最特别的，是旧石器时代晚期的艺术在两万年间基本上都没有改变，而我们离吉萨①金字塔的兴建年代有四千年，前者是后者的五倍长。如果那些艺术画作都是乡愁明信片，我们的道别之路确实非常漫长。

---

① 吉萨（Giza），尼罗河西的城市，在埃及开罗西南约二十公里。——译注

洞穴艺术也代表我们开始对现状不满，开始蠢蠢欲动地追寻意义与知识，这一点推动了人类的梦想。人类这个物种在过去五万年的生存经验可以浓缩成两个词："**如何**"与"**为何**"。这两个词开启了所有疑问，而人类的文化也围绕着这两个词提炼出零碎的智慧。

人类都必须面对同样的适应课题。我们都必须生育、抚养、教导、保护后代，并赡养迈入晚年的长辈。其实所有文化都会赞同十诫的大多数信条，因为十诫明确说出能够让社会性动物茁壮发展的规则。很少有社会不把杀人或盗窃视为非法，所有文化也都建立了传统，使性交与繁殖具有一致性。每种文化都尊崇死者，即使有些文化仍在苦苦对抗天人永隔的残酷现实。

考虑到面对这些共同的挑战，文化适应的范围之广与多元便格外令人惊艳。从东南亚及亚马孙雨林到澳洲干燥平坦的沙漠，从卡拉哈里到遥远冰封的高北极地区域，从宽广的美国平原到巴塔哥尼亚大草原，狩猎与群聚的社会无不蓬勃兴盛。旅者及渔人落脚在世界各大洋的每条岛链上。大海的丰富资源造就了复杂社会，鲑鱼、烛鱼、鲱鱼让西北太平洋的"第一民族"（First Nations）得以维生。

新石器时代革命在一万多年前展开，人类开始驯养种植动植物。游牧民族生活在这个星球上的边缘地带：撒哈拉沙漠、青藏高原、风中的亚洲大草原。农人手捧满满的禾草，小麦、大麦、稻米、燕麦、小米、玉米。过剩的粮食可以储存起来，人们从此可以定居下来，还出现阶级及分工，也就是传统定义中的文明标志。大城市兴起，接着演变出王国、帝国和民族国家。

再多的课程，都无法讲尽人类文化的神奇丰富。**文化**一词的概念包罗万象，却很难有明确的定义。一个在新几内亚山间与世隔绝，只有几百人的小社会有自己的文化，爱尔兰和法国这样的国家也有。截然不同的文化有可能共享类似的精神信仰，这一点在受基督教、伊斯兰教及佛教感化的地方的确非常普遍。一般而言，语言虽然都试图描绘出独特的世界观，但以阿拉斯加人为例，尽管他们已经无法说自己的母语，却依然保有蓬勃益然的文化内涵。

文化一词的含义深远，最接近的解释或许是：我们透过观察及研究语言、宗教、经济组织、装饰艺术、故事、神话、仪式、信仰，以及许多因环境而生的特质与特征后，认知到每支民族都是独特而不断变化的星群。文化的完整范畴还包括族群的行动和梦想，以及赋予他们生命意义的寓言。家乡则是一族的生态与地理母体，他们决定要在此活出自己的命运。描述一支民族就要提及他们的家乡特色，否则便不是完整的描述。景观地貌决定了一地的特质，而文化就从该地的精神中涌出。

在这一连串的内容中，我希望能与你们一起探索世界的某些角落。我们将会航行到波利尼西亚颂赞航海的艺术，有了这门技艺，当地的寻路人才能靠着想象力与天赋深入整片太平洋。我们也将在亚马孙等待一支失落文明的后代，他们是巨蟒的子民、数种文化的复合体，在神话祖先的启发下，至今仍决定了森林里的人类必须如何生活。在安第斯山脉和哥伦比亚的圣玛尔塔内华达山脉中，我们会发现地球真的是活的，有脉动，能够用上千种方式与人类的精神互动。"梦世纪"（Dreamtime）与"歌之路"（Songlines）则带领我们到安恒地（Arnhem Land）的白千层森林，让我们试着了解澳洲原住民这群首批出走非洲的人类的那股精妙哲学。尼泊尔的碎石小径将我们带到一扇门前，门开启，我们看到智者灿烂的笑脸，她是菩萨，息桑阿尼（Tsetsam Ani），四十五年前进入终身归隐的比丘尼。犀鸟的飞翔如同大自然的随意挥洒，让我们知道自己终于抵达婆罗洲的丘陵森林，置身游牧的本南族部落。

　　我们在这趟旅行最终发现的事物，将会是我们下一世纪的任务。遍地野火烧去了植物与动物、古老技术和富有远见的智慧。此刻面临存亡关头的事物，包括大量的知识与技术、源源不绝的想象力，以及由数不清的长者、疗愈者、勇士、农夫、渔人、产婆、诗人和圣者的记忆所构成的语言和文字。简而言之，也就是复杂、多元的人类经验所展现的艺术、智慧与精神。我们必须扑灭这股烈焰、这场蔓延的大火，重新欣赏文化所展现的多元人类精神，这将是我们这个时代最重要的任务。

第 2 章　寻路人

THE WAYFINDERS

那便是我们往前航行的理由。

我们的孩子因此得以长大成人，并以自己的身份为荣。

我们与祖先重新联结，以治愈自己的灵魂。

在航行中，我们从古老故事的传统中不断创作出新故事，

我们确实在旧文化中建立起新文化。

——奈诺亚·汤普森（Nainoa Thompson）

文明与文明的奇特相遇

让我们来探索史上最大的文化圈，一窥人类无穷无尽的想象力。波利尼西亚，两千五百万平方公里，将近地球表面的五分之一，成千上万座岛屿如珠宝般撒落南方海面。几个月前，我有幸加入好友奈诺亚及波利尼西亚航海协会在"双身独木舟"（Hokule'a）上的训练任务。这是一艘美丽而极具代表性的大船，以夏威夷的圣星"大角星"（Arcturus）为名，是古波利尼西亚大航海独木舟的复制品。双身独木舟拥有双重船体、露天甲板，18.8米长、5.8米宽，由长逾8千米的绳索捆扎而成，总排水量10.8吨。1975年首航后，便纵横于太平洋上，至今航行约15万公里，到访过波利尼西亚文化圈内的每列群岛，从夏威夷到大溪地，再到库克群岛，越过奥特亚罗瓦（或称新西兰），向东至玛贵斯群岛，东南至拉帕努伊（或称复活节岛），甚至远达阿拉斯加和日本沿岸。双身独木舟可搭载十名船员，包括船长和导航员两位要角。船上完全没有现代化航海设备，只有一台收音机，仅供危急时使用。没有六分仪、测深仪、全球定位系统、转频器，有的只是导航员的感官、船员的知识，以及全体族人再创的骄傲、权威与力量。

西班牙人在16世纪首次航入太平洋，遇见全新的世界。

这群人中，首先静伫在达里安①之巅的不是柯蒂斯（Cortés），而是巴尔波（Vasco Núñez de Balboa）。他以苍鹰之眼凝望海洋，浮想联翩。这片海洋之大，使西边的岛屿、荷马的黄金国度，乃至"曾眼见的美好城邦与王国"都相形见绌②。以上是诗人济慈在两个世纪后所写，他以敬畏的心情揣想那批西班牙人可能会有的感受。1520 年，麦哲伦花了三十八天绕过南美洲南端的好望角，此时已有半数船员死亡，船只驶入辽阔空无之境，一片他以为风平浪静的海域。接下来四个月的航程中，存活下来的船员一天天相继死亡，他却设法避开太平洋中有人居住的岛屿，最后在 1521 年 4 月 7 日登陆今日菲律宾的宿务岛。就各方面而言，麦哲伦都堪称勇敢坚毅，但他也非常固执。环境造就他拼命一搏与鲁莽的个性，使他错失机会，无法向一个完整文明学习大海知识。三个世代后，波利尼西亚人与西班牙人展开长期接触。1595 年，西班牙航海家内拉（Álvaro de Mendaña de Neira）随着帝国的东方贸易登上火山群岛。这十座岛屿就像赤道海上的哨兵。内拉连陆地都还未登上，就将这列群岛命名为玛贵斯，该名来自他的赞助者门多萨（García Hurtado de Mendoza），即卡涅特侯爵，当时的秘鲁总督。这列群岛是世上最孤绝的岛屿，但在当时也拥有三十万住民，当地人称之为"特黑乌那，特埃那塔"（Te Henua, Te

---

① 达里安（Darien），位于巴拿马东部，隔开达里安湾和巴拿马湾。——译注
② 在英国诗人济慈（John Keats）的《初读查普曼译荷马有感》一诗中，便写道是柯蒂斯以苍鹰之眼注视太平洋（Or like stout Cortez when with eagle eyes/ He star'd at the Pacific）。作者借用济慈这首诗的诸多元素来铺写这一段。——译注

Enata），意为"人类之地"。

　　这是一场文明与文明的奇特相遇。玛贵斯人认为他们的岛屿是世界尽头，在神话中，他们的祖先是乘着海风与浪涛从西边而来，而此处即为最后一站。据说当地每个人都是始祖"堤基"[①]的后代，而每个宗族的历史也都可回溯至那场来自日落之地的原始大迁徙。东方海平线的尽头后方，便是来世。灵魂在那里脱离躯壳，遁入海中。因此，在玛贵斯人眼中，西班牙人就像恶魔，是出生在东方遥远天边的邪恶化身。他们荒淫奸诈、残忍无道，毫无可取之处。既无技能，也无食物或女人，更无知识，甚至对大自然最基本的构成要素都一无所知。

　　他们对财富的认识，仅限于手上握有的珍稀金属，虽然那的确值钱，但他们对真正的财富却毫无所知。真正的财富其实是声望，而一个人要享有社会地位，就必须有能力负担社会责任，能将多余食物分配给需要的人，让大家享有免于匮乏的自由。这些陌生的"白鬼"（White Atua）[②]来自海平线的彼方，在生命位阶上无足轻重。他们如此野蛮，巫术影响不了他们，连祭司的法力也无可奈何。他们无知到连首领与平民都分不清楚，甚至都以凶暴鄙视的态度对待二者。

　　而西班牙人这一方，则对岛民那温文又残酷的表现感到困惑。这里的人是杰出的战士，杀人不眨眼，但他们的

---

① "堤基"（Tiki），波利尼西亚神话中人类的始祖。——译注
② Atua 是波利尼西亚语中的神或灵魂之意。——译注

战斗却是季节性的、预想好的、有计划的，且是仪式性的。只要有一人阵亡，战斗便告结束。另外，玛贵斯人没有时间感，缺乏罪恶或羞耻的观念。当地女人习于卖弄风情，还当众性交，但当她们看到西班牙人当众小便这种一般男人都会做的事时，却感到震惊与恶心。若说淫乱使人兴奋而困惑，那么食人行为与活人祭就是令人不寒而栗，而一妻多夫制及无比荒唐的"圣诫"（tapu）也同样令人惧怕。圣诫是当地的巫术规则与惩罚系统，在日后衍生出"禁忌"（taboo）的概念。当地还有一种野蛮的表现：玛贵斯男性会把腰部至膝盖的身体全刺上鲜艳的蓝黑色刺青，包括最敏感的生殖器皮肤。

西班牙人最大的疑惑是，如此原始的族群为何能有这么高的成就。整片山坡与河谷种满了作物，盖出壮观的石砌梯田和灌溉渠道，巨大的平台可举行千人以上的仪式活动、丰收盛宴及战争结束或首长就任时的庆典。此时，祭司会逐一背诵整部世界神话史，数百行圣诗就这么收在一个人的脑海里。倘若他在某个语词上卡住或结巴，就必须从头来过，因为这些文字不只勾勒出历史的轨迹，更预示了未来的迹象。大型平台的四周延伸出碧绿的芋头田和甘薯田，还有露兜树与椰子树。面包果树是他们的生命之树，玛贵斯人会在凉爽的土地上建造大型石坑，在无氧的环境下保存数吨的淀粉类食物，随时都备有八个月的粮食，就算碰上最恐怖、最具破坏力的台风，也撑得过去。

西班牙远征队副队长奎罗斯（Pedro Fernándes de

Queirós）认为，他与队友在海滩上遇到的这些原住民，不太可能打造出与土地结合如此之深的文明，因为他看到当地女性像鱼群般包围着西班牙船只，原因是"圣诚"禁止女性使用独木舟。这些小岛离西班牙辖内海域的军事前哨站少说都要三个月航程，而一个连女性都无法载送的文化，怎么有可能移居到那些岛上？此外，他也注意到该族并没有磁性指南针，没有指南针的协助，这些人如何航向这些岛屿？奎罗斯将神话与地理结合起来，下了个结论：玛贵斯实际上只是南方某座宏伟大陆的前哨，而岛上住民则是被某个尚待发掘的古文明运到当地的。于是，这些西班牙人上岸不到一个月，便再度航向太平洋去找寻这块传奇大地。这个徒劳的寻觅，将耗尽奎罗斯的余生。

刻意扭曲的事实

奎罗斯并不是最后一位被波利尼西亚之谜所误导、迷惑的水手。欧洲的海上运输一度由于缺乏测量经度的导航仪器，只能紧挨着欧洲大陆的海岸线航行，远离那片令人生畏的开阔海洋。他们以特殊船只组成舰队，定期往返于太平洋与巴黎和阿姆斯特丹之间。1616 年，一艘荷兰海军军舰在汤加与萨摩亚之间航行，碰上了一大群远洋贸易的独木舟船队，而英国政府却直到 1714 年都仍通过国会法案提供两万英镑来征求能在海上判定经度的人，当时伦敦一栋豪宅只消花数百英镑就可以完成所有装潢。事实上，在航海天文钟发明之前，航海家都是倚赖"航位推算法"①，普通船只在海上一旦看不到陆地就会有危险。然而，此时的太平洋上却有不寻常的事正在上演。

库克船长（James Cook），英国皇家海军史上最杰出的导航员，首先正视这件事情。他的旗舰在登陆夏威夷时遇到三千名原住民组成的独木舟船队；在汤加，他发现他的船只航行了两里格②时，当地的船只却可以航行三里格；他也遇到通晓大溪地语的玛贵斯人，尽管两座岛屿相隔约一千六百公里。1769 年，当他展开人生首次航行时，在大溪地遇到一位祭司导航员图帕伊亚（Tupaia）。图帕伊亚光凭记忆，便绘制出波利尼西亚每个主要岛群，夏威夷与奥特亚罗瓦除外。他在沙滩上放了一百二十多颗石块，每块都代表一座岛屿，范围从东边的玛贵斯横跨四千多公里到西边的斐济，距离相当于美国大陆的宽度。图帕伊亚随后与库克一同从大溪地航行到新西兰，这趟迂回曲折的旅程走了约一万三千公里，从南纬四十八度跨到北纬四度。根据库克的报告，这位波利尼西亚的导航员既没有六分仪的协助，也没有航海图的知识，却能在航程的每个时刻精确指出返回大溪地的方向，令他惊异不已。

库克和博物学家班克斯（Joseph Banks）都学过大溪地语，两人都发现这两列相距遥远的岛群有明显的文化关

---

① 航位推算法是依靠船速、航行时间等数据来推估风速和水流等变化之后，再据此调整航位的一种方法。——译注

② 里格（league），古老的距离度量单位，在海上等于五六公里。——译注

联。班克斯以语言学证据提出一个可能：太平洋上的人民
发源自东印度群岛，而库克也相信波利尼西亚人是由西移
居而来。图帕伊亚让他知道风的某些秘密，还有白天如何
跟着太阳、晚上跟着星辰走。这位导航员也详细描述大溪
地到萨摩亚和斐济、向南到澳大利亚，以及一路向东至玛
贵斯的方向，库克对此格外印象深刻。库克从来无法掌握
自己在旅程中航向何处。他了解太平洋有多狂暴，也遇过
一群逆风而无助的大溪地人偏离航道几百公里漂流着，终
至困在库克群岛上好几个月。

　　这段经历也开启了一场绕着海水打转将近两个世纪的
辩论：究竟这些人是谁？他们从哪里来？又是如何不可思
议地跨海来到这片遥远而孤绝的陆地上定居？ 1832 年，法
国探险家杜蒙（Dumont d'Urville）将太平洋上的种族分为
三类：密克罗尼西亚人住在赤道以北西太平洋上的小型环
状珊瑚岛，美拉尼西亚人定居于新几内亚"黑暗岛屿"、
所罗门群岛、瓦努阿图、新加勒多尼亚和斐济，波利尼西
亚人则涵盖东太平洋上其余的"众多岛屿"。密克罗尼西
亚一名来自岛屿的大小，美拉尼西亚则来自住民的肤色[①]，
尽管二者都是很主观的称呼，在历史或人种学上都站不住
脚，却沿用至今。杜蒙在分辨波利尼西亚人的时候，发现
每位船长的航海日志上都如此记载：在这整片海面上，真
的有这么一个语言相近、历史观相同的单一文化王国，其

---

① 密克罗尼西亚的英文为 Micronesia，Micro- 是"小"的意思，美拉尼西亚为
　Melanesia，Mela- 则是"黑"的意思。——译注

范围最远的两个端点有加拿大的两倍宽。波利尼西亚人拥有这些岛屿可谓不证自明，但关于他们如何做到这件事情的解释，却证实了诗人惠特曼所言：历史不过是学校老师编造的骗局。

早在 1803 年，派驻在菲律宾的西班牙神父马丁内斯（Joaquín Martinez de Zuniga）便以风向推断船只不可能向东航行，从而判定南美洲是波利尼西亚的发源地。不久后，澳洲早期殖民地新南威尔士极富影响力的神职人员朗（John Lang）率先提出"意外偏航"（accidental drift）的理论，主张波利尼西亚人从西边来到这些岛上定居纯属意外。水手不幸被吹离航道，渔夫出海觅食却意外踏上新土地。但这种偶然的扩张并不合逻辑，毕竟那些渔夫是将所有家当都带到海上，包括鸡、猪、狗、芋头、香蕉、甘薯，更别说还有家人。不过，这种解释的便利之处，是让西方人在承认这项既定的历史事实时，又能否定波利尼西亚人的伟大成就。"意外偏航"尤其受新西兰文官夏普（Andrew Sharp）的拥护，且直到 20 世纪 70 年代初期才告沉寂，当时有人根据海军水文地理记录的风向和洋流，进行了一连串精密的计算机仿真，最后得出的结论是：在一万六千次从波利尼西亚东边许多地点出发的意外偏航模拟中，没有一条能够抵达夏威夷。

有两个人把事情变得更混乱。他们不以世界原有的样貌去看待世界，而是把世界看成他们想要的样子。彼得·巴克爵士（Sir Peter Buck，原名 Te Rangi Hiroa），母亲是毛利人，父亲为爱尔兰人，本人则是 20 世纪中叶卓越的波利尼西亚学者，主掌檀香山的主教博物馆多年，并在耶鲁大学担任重要的教授职位。在那个仇视黑人的年代，他对自己的混血身世极度敏感，亟欲让波利尼西亚人与"黑人"划清界线，于是他提出一个理论，认为太平洋的住民是在一波计划性的移民潮中，从亚洲移居过来，而这股横扫各岛屿的移民潮独独避开了美拉尼西亚区域。这套理论与地理现实正好相反，也无视几乎所有波利尼西亚的作物都源于美拉尼西亚，尽管如此，巴克仍借此声称："太平洋岛屿的主要水手都是欧洲白人，所以不能归类为鬈发、黑皮肤、细短腿的黑人种，也不能归类为扁平脸、矮个子、内眼褶下垂的蒙古人种。"

如果说巴克是因为种族的不确定感而扭曲了他观看历史的角度，年轻的挪威动物学者海尔达尔（Thor Heyerdahl）则是将整个历史倒置。在用轻木筏渡过七千多公里恐怖的海上之旅后，他宣称波利尼西亚的移民是来自南美洲。这艘名为"康堤基号"（Kon Tiki）的轻筏从秘鲁出发，完成一百零一天的航行，然后在 1947 年 8 月 7 日撞上大溪地东北方八百多公里土阿莫土群岛（Tuamotus）的一块拉罗亚环礁，然后，一位《国家地理杂志》的英雄诞生了。海尔达尔一头金发，相貌英俊，皮肤在阳光下晒成古铜色，极具魅力，同时也非常上相——根本就是现代探险家的典范。然而，他认为太平洋岛屿居民源自美洲的论调，却与事实背道而驰。

　　他的论点建立在三项缺乏证据的基础上。第一，海尔达尔跟早期的西班牙人一样，一直认为波利尼西亚人不可能逆着盛行的赤道风往东行驶。这个老掉牙的迷思其实从库克船长与导航员图帕伊亚的对话中就已得到澄清。真实的答案在波利尼西亚其实是公开的秘密，可能只有海尔达尔自己不知道，或者至少这个答案会伤害他的假说。事实上，每年一到某个时间，信风风向会逆转，水手就能恣意往东航行，而且他们深知一旦迷航，只要等待东风再起，他们就能回家了。海尔达尔的第二个论点则着眼在大型建筑上。他将波利尼西亚的石造建筑与印加建筑相比，就两者的相似性做出一知半解的比较，而这在考古学家训练有素的眼里，毫无意义可言。第三点，也是唯一有趣的可能性，就是波利尼西亚有一种甘薯（Ipomoea batatas）是美洲的原生植物。然而正如我们今日所知，上述论点都意味着波利尼西亚的船只曾经抵达南美洲然后返航，最近在智利南岸埃尔阿雷那尔（El Arenal）一处前哥伦布时代贝冢中发现的鸡骨头（原生于亚洲的鸟类）也证实了此事。

　　海尔达尔在发表这些耸动的言论时，对语言学、民族学、人类植物学的众多证据置若罔闻，而这些证据在现今则因为有了基因与考古的资料而更加充实，并处处指出海尔达尔显然是错误的。他忽略了一件事：航程一开始他就向秘鲁海军求援，好让康堤基号能越过洪保德洋流（亦即秘鲁洋流）。此外，不论是在他的年代或者今日，都没有证据显示前哥伦布时代的南美洲轻筏已有帆具设备。的确，海尔达尔的解释相当松散，时间顺序也相当随兴，就像某位学者所说，海尔达尔的理论正如现代某个历史学家的论调："美洲是亨利八世在罗马帝国后期的日子里所发现的，然后他带了一辆福特雷鸟给愚昧无知的原住民。"不过这些影响不大，海尔达尔的故事造成轰动，而他的著作《康堤基号》也持续销售超过两千万册。

波利尼西亚人的起航

对波利尼西亚人及严谨的波利尼西亚学者而言，海尔达尔的理论否定该文化的高度成就，这不啻是最大的羞辱，但也因此激发出两个极度重要的行动。首先，这迫使考古学家去挖掘、寻找并发现能让他们追索波利尼西亚人大迁徙的具体证据。第二，引领夏威夷人开始航行。1973 年，"波利尼西亚航海协会"创立，并在 1975 年 3 月 8 日让双身独木舟下水首航。这原先只是个极富远见的实验，后来逐渐发展为一项长期任务，力图重温历史，并重拾被偷走的遗产。

对考古学家来说，最困难的挑战皆在于缺乏足够的人体遗骸，因此无法建立时间顺序。尽管波利尼西亚人在很多方面相当进步，不过在最早与欧洲人接触时并没有使用陶器。1952 年，在珊瑚海中的法属新喀里多尼亚首次出现重大突破。考古学家在拉皮塔（Lapita）海滩附近的偏远地方找到了陶器，这些附有独特图样的陶器，与三十年前在东方两千四百公里外汤加岛屿所发现的陶瓷碎片极为相似。随后在新几内亚、瓦努阿图、斐济和所罗门群岛的发现，更确立这个失落文明的存在。这个古老文化圈始于公元前1500年，从美拉尼西亚东边一路扩及太平洋。根据伟大的史前传说，有个以原生地新卡里多尼亚命名，我们称之为"拉皮塔"的民族离开了新几内亚森林的原乡，到世界各地定居。他们在五百年（可能是二十个世代）内逆风航行三千两百公里，抵达斐济，甚至更远的萨摩亚与汤加。在公元前10世纪，他们便已完成这项旅程。

接着出于不明原因，迁徙停止了将近几千年。陶瓷业的传统消失了，但留下了句法与文法、刻石和装饰身躯的意义、祖先的力量，以及风的神圣起源。大约公元前200年开始，另一波探险在今日波利尼西亚人直系祖先的启发下展开了。他们从萨摩亚和汤加往东航去，抵达库克群岛、大溪地和玛贵斯群岛，航程约四千多公里。几个世纪之后又有新发现，先是拉帕努伊（复活节岛），接着是在公元400年定居夏威夷。波利尼西亚人大迁徙最后的重要阶段约于第一次十字军东征展开，当时领航员向南方与西方探寻而去，公元1000年左右在奥特亚罗瓦（后来的新西兰）上岸。波利尼西亚人早了哥伦布五个世纪，仅用八十代的时间就几乎进驻太平洋上的每列岛群，画出一个文化生活圈，涵盖地球两千五百万平方公里的表面积。

花点时间想象迁徙旅程中所使用的东西：水手用开放式双体船航行，而制作这种船的工具全以珊瑚礁、石头和人骨制成，帆布以露兜树织成，地板则用椰子树纤维编成的绳索缠在一起，若船有裂缝，则用面包果的汁液与树脂封住。这些人白天受日晒，夜晚有寒风吹袭，饥渴常相伴，在恶劣天气下横越数千公里的海洋，发现数以百计的新陆地，有些规模如小型大陆，有些是地标不高于一棵椰子树、直径小于一公里的环礁岛。

有些渔民的确是在追寻远洋鱼而驶离岸边时被风吹到大海中或受困，但这些航程有惊人的证据显示是特意为之、有目的的发现之旅。他们为什么行动？为什么有人愿意冒着生命危险离开大溪地或拉罗汤加岛这样的地方前往无人之处？声望、好奇、冒险精神确实发挥了作用，让人们往日出的方向驶去，尽管很可能一去不回，却确实是大勇之举，能给族人带来无上光荣。口述史暗示了有半数远征队可能以灾难收场。尽管失败暗示死亡，但留守家园的人却在想象的成功中获得莫大鼓舞。他们在梦里看见新大地从海洋尽头升起，迎接他们远航的亲戚。那些男男女女因其卓越之举而被奉为神明。

就如同任何文化，这当中还有更世俗的动机。波利尼西亚采长子继承制，社会结构也高度阶层化，所以次子、三子或家庭氏族地位较低的子弟若要获得财富或社会地位，唯一的方法就是发现新世界。自然及人为的生态重大事件或危机，也都会促成发现。拉帕努伊（复活节岛）的花粉记录显示，在波利尼西亚人到来之前，岛上密布亚热带森林，欧洲人登陆之时，岛上样貌已完全改变，许多当地生物濒临绝种、土壤资源消耗殆尽。新西兰不会飞的鸟种在定居的一个世代中消失无踪。波利尼西亚人有充分的能力去过度剥削大自然，当他们人口超过土地的承载力之后，便别无选择，只得离开，也就是往海上去。

无论究竟动机为何，古波利尼西亚人就是起航了。尽管许多航程都是真的为了探勘，而且某些有人定居的遥远岛屿诸如拉帕努伊也会随着时间越发孤立，但这不是说所有航行都是令人绝望的单程之旅；相反的，所有证据都显示那些定期的远程贸易是沿着既有航路纵横整片海洋的。

但波利尼西亚人究竟是怎么做到的？他们没有留下任何文字记录，而是以口述传统将所有知识都储藏在记忆中，一代传一代。除了像库克船长这样显著的例外，早期的欧洲人并未费心去研究、记录这座不凡的航海知识宝库，更遑论颂扬，这是历史上的莫大悲剧。对公正的观察家而言，这些传统航海家的声望与权威应是显而易见，他们是每个社群的文化核心。航海从根本上决定了波利尼西亚人的认同，而世人忽略这些大师不再是出于疏忽，而是文化碰撞无可避免的结果——有征服，就有文化碰撞。

接触带来混乱与毁灭。波利尼西亚社会中，除了航海家之外还有两根砥柱，即酋长和祭司。酋长的权威来自他能掌控并分配多余的食物，祭司的权力则在于有灵力执行该文化中视为神圣规则的圣诫。当时欧洲疾病横扫岛屿，不到一个月便夺去玛贵斯岛上85%以上的人口，不但摧毁了传统经济，也削弱了祭司的威望，因为他们无法随意惩戒那些既触犯了圣诫，又奇迹般地对瘟疫免疫的外国人。接下来还有大量传教士纷纷跨海上岸，他们认为这些岛民的不幸是咎由自取，甚至对他们的宗教信仰嗤之以鼻，认为只是粗鄙的偶像崇拜。在这种气氛下，确实很难让欧洲人承认波利尼西亚人的航海技术可以媲美甚至超越欧洲水手。特别是欧洲人将航海技术视为国家尊严，英国尤其如此。然而，波利尼西亚人的技术确实比欧洲人高明。

寻路人——画在心里的导航图

我们打算从摩洛凯岛①出发往北航行，在那之前先离开考艾岛去绕行欧胡岛（Oahu），此时天空下起滂沱大雨，奈诺亚·汤普森（Nainoa Thompson）在双身独木舟的甲板上告诉我，要了解古波利尼西亚人的天赋，你必须从波利尼西亚世界的基本元素着手：风、海浪、云、星辰、太阳、月亮、鸟、鱼，还有水本身。传统航海家其实就像科学家，透过亲身经验、测试假说来学习技术，并向自然科学各分支取经，包括天文学、动物行为、气象学及海洋学。他们在这方面投注的心血超乎想象，且死而后已，也在这个社会地位代表一切的文化里获得无上声望。换句话说，全人类的卓越智慧，以及内心深处的渴望与雄心，皆用于征服海洋。

---

① 摩洛凯岛（Molokai），夏威夷群岛中的一个火山岛。——译注

　　马坞·皮艾鲁格（Mau Piailug）担任奈诺亚的老师超过三十年，他是航海大师，来自密克罗尼西亚加罗林群岛的萨塔瓦尔岛。马坞在小于1.5平方公里的珊瑚小岛上成长，那里仅纽约中央公园的三分之一大。他的世界就是海洋，祖父和曾祖父都是导航员。马坞一岁时便被选为祖先智慧的继承者，还在婴儿期就被放在波动的池子里几小时，以感受并掌握大海的韵律。他在八岁时展开首次海洋之旅，在汹涌的海浪中晕船，老师的解决之道是将他绑在绳索上，拖在独木舟后方，直到他不再反胃。十四岁时，马坞将自己的睾丸绑在船身的绳索上，以更仔细地感受独木舟在水中的律动。马坞不只学会驾船，也了解大海的秘密，包括波浪的物理学与形而上学。据说他光在脑海中想象岛的画面，就能把岛屿从海中召唤出来。

　　奈诺亚这名年轻的夏威夷人来自失势的贵族家庭，他的祖母在教会学校里因为说母语而遭到毒打。马坞的成就激发了他，他不仅找到希望，也立下壮志。马坞教他如何留意气象、观浪、理解星辰代表的含义——套用他的说法，便是在心中画出岛屿的导航图。

　　奈诺亚告诉我，盛行的信风确实从东方吹来，但并非如海尔达尔或其他人所设想，那么简单就主宰了该区。就如同导航员图帕伊亚曾经跟库克船长解释过的，每年有段时间风向会倒转，西方来的微风会吹向整个太平洋。有个低压槽在澳洲北方形成一条向东的通道，也就是拉皮塔文明从俾斯麦群岛迁徙到中太平洋的路线。同理，在更北接近夏威夷的地方，也并非一直吹着东风。更有甚者，双身独木舟已经以十几趟深海航行证明，即便是满载的独木舟，也有可能在逆风中以之字形前进（抢风行驶）。

　　奈诺亚补充道，与其说古波利尼西亚人在现代就是所谓的导航员，不如说是寻路人。当他们从大溪地航向欧胡岛时，并不是规划前往珍珠港，而是打算寻找一串岛群，也就是夏威夷群岛。其次，太平洋上的距离并不像地图所显示的那么惊人，除了波利尼西亚文明圈最遥远的三个点，拉帕努伊（复活节岛）、夏威夷和奥特亚罗瓦（新西兰）之外，至少以直线来说，从美拉尼西亚行经波利尼西亚的航程都不超过五百公里，陆地也比地图上还多。在海上，肉眼所见的范围差不多有五十公里左右，如果每次登陆时都画上一个半径五十公里的圆，会突然发现海洋缩小了，而陆地所"覆盖"的区域则大幅增加。

　　云也为寻路人提供线索，包括形状、颜色、特征，还有在天空的位置。棕色的云会有强风，高空的云代表无风，却会带来大量降雨。云的动向也能显示风的强度与方向、天气的稳定度还有暴风雨锋面的剧烈程度。寻路人也以完整的命名系统描述那些聚集在岛群上方或者横扫过辽阔海洋的各种云。光线本身就透露许多信息：星星周边会有彩虹色彩、暴风逼近时天空会如何发光又变暗、岛屿上方的天空色调永远比海上来得晦暗、日出日落时的红色天空显示出空气中的湿度，还有，月亮周围出现光晕是下雨的前兆，因为那是光线穿过云层湿气中的冰晶所造成。光晕间的星星数量也能预告暴风雨的强烈程度，少于十颗就会有麻烦：风速会很高，也会带来大雨。如果月亮边有两圈光晕，会有狂风来袭。

另外也可从野生动物和海标（相对于地标）中找到蛛丝马迹，像是鲨鱼在海中慵懒游动，或一只从鸟群中落单的鸟。海豚和小鲸游进遮蔽水域，表示会有暴风雨；军舰鸟飞出海去，代表将会风平浪静。信天翁这样的远洋鸟类提供不了任何信息，但海燕和燕鸥每天会离巢飞行固定距离，于日落时离开大海，每晚返回陆地上的家，路径跟罗盘的方位一样精准。看到白燕鸥，便可知两百公里内有陆地。棕燕鸥最远只能飞六十五公里，鲣鸟则很少超过四十公里。海中植物的磷光和碎屑，海水的盐度、味道和温度，剑鱼游泳的方式，这些在导航员眼中都是信息。

我们在漆黑的夜里绕到夏威夷摩洛凯岛后方，往北航行却迎向远方的暴风雨，然后，这一切就变得非常清楚。正如奈诺亚所言，寻找这些线索、迹象是一回事，汇整信息并即刻面对海上瞬息万变的力量与现实则是另一回事。

天空清朗，海面一片漆黑，这个人间天堂被无数寂静的星星所包围。双身独木舟缓慢沉重地破浪前进。浪不算大，却也足以将甲板抬起，遮住所有海平面——至少对我的眼睛而言是如此。船员每两小时换班，每个人轮流掌舵。这个舵不是那种方向舵，而是需要三个人才能控制的长型舵桨。被夜色笼罩的独木舟成了整片天空罗盘的针尖。在我们后面坐着一位导航员——名叫卡伊乌拉尼（Ka'iulani）的年轻女性，是奈诺亚的门徒。她在整趟航程中一天要保持清醒二十二小时，只在心灵需要休息时才短暂睡一下。

卡伊乌拉尼和奈诺亚及其他经验丰富的船员一样，都能够叫出、找到两百二十多颗夜空中的星星，她认识各种星座，也知道星座的踪迹，包括天蝎座、南十字星、猎户座、金牛座还有北极星。但对她而言，最重要的是那些在低空中刚升起或即将落下的星星。奈诺亚解释：当地球自转时，每颗星星都会从东方升起，越过天空成一道弧形，然后在西边落下，而且在海平面上升起落下的点终年相同，但每天升起的时间会晚四分钟。如此一来，若有人能够将所有星星和专属的位置、每一晚何时出现，还有星星穿破或落下地平线的方位悉数记下，就能拥有三百六十度的罗盘仪。夏威夷人将这样的罗盘仪分为三十二个星宿，每个星宿都是海平面的一部分，并以天体命名。每一颗星星都只能参照一次，因为当它以弯弧划过天空后，方位就改变了。但接下来又会有另一颗星升出海平面，导航员同样知道其方位。在热带，海上的一晚约十二个小时，有十颗这样的导航星就足以保持航向。船员掌舵时会在导航员的指导下利用独木舟的船身来定位，例如用船桅顶端和其支索构成的角度来框住某颗特定的星星或天体。任何拥有一致性的参考点都可以使用。

太阳在黎明时分现身。对导航员来说，这一直是至关重要的过渡时段。在此时，他们要观测大海与天空、判读风向，并观察风向对浪的影响。太阳的光线与阴影在海面上会升起移动，而奈诺亚的老师马坞就用了十几个名字区别这些路径在海上的各种宽度与色彩。凡此种种，都让他对即将来临的一天有些了解。

双身独木舟的船尾是方形的，这让导航员能够轻易在日落与日出时将船调整成向东或向西。船身两侧的栏杆上各刻有八道标记，每道标记都会与船尾的一个点配成对，共有十六对，这十六对可往前往后各定出一个方位，总共三十二个方位，对应了观星罗盘上三十二个方向的星宿。导航员白天时将船只前后的海平线各分成十六个部分，以之为日出日落的方位基点。如此一来，白天时他们也能仿照夜晚的观星罗盘。这种做法暗指双身独木舟就像根世界之轴，永远不动，只是等着岛屿从海面冉冉升起，向它致意。

除了太阳与星星，还需认识大海本身。当云雾遮蔽海平面，导航员就必须利用对海水的感觉引导船只航行。他们必须能够分辨浪潮究竟是由当地气候系统所造成，或是因海平面远方的压力系统而形成。接下来，他们要知道这些浪潮与流经太平洋的深海洋流有何不同，知道何者他们可以轻易追踪，就像陆地探险家可以轻易沿着一条河流走到河口。马坞这样的专家导航员独自坐在黑暗中的独木舟里时，可以随时察觉并区分五种流经船身的浪潮。局部的波浪活动无序而破碎，来自远方的浪潮却很连贯、强烈且轰然起落，在海洋中可以从一个星宿流过一百八十度到对面的另一个星宿，因此可以指出时间及方位，作为引导船只前进的工具。万一独木舟在半夜改变航道，导航员只要从浪潮的上下颠簸和摇晃中便能感知。更惊人的是，导航员能够让岛屿从海中现身。像马坞这类真正伟大的导航员，光是聆听海浪拍打独木舟船身的回声，就能知道海平面的彼方有座环礁岛。他们清楚太平洋中每列岛群都有其独特的波浪折射模式，也能够像法医科学家判读指纹那样轻易辨识个中差异。

以上种种可谓不凡，每项技巧或直觉都是特定才华的展现。但当我们抽出、解构甚至颂扬这些特有的智慧与观察天赋时，却有管中窥豹的风险，因为波利尼西亚人的导航才能凭的是见树又见林，各项信息会同时汇入寻路人的脑海中。举例而言，他们会测量海浪泡沫、漂浮物或只是一些小泡泡穿过独木舟两端横梁所需的时间来求得双身独木舟的航速。若是费时 3 秒，船速是 8.5 节；费时 15 秒，船只就是以 1.5 节的速度费力前进。

使用这种简单计算来测量双身独木舟的航速是一回事，日以继夜持续做这类计算，还得同时测量星星升出海平面的时间、风速与风向的变化、流经独木舟的浪潮、云、海浪等，就另当别论了。航海的科学与艺术是全面性的，导航员必须要在脑中处理源源不绝的信息、直觉和见解，而这些能力都源于观察，以及风、浪、云、日月星辰、鸟的飞翔、海藻床、浅层珊瑚礁上的淡淡磷光等一切的律动与互动。简言之，就是不断变化的海洋与气象世界。

更惊人的是，探路的所有科学其实都基于航位推算法。要知道自己身处何方，唯一的方法是精确掌握所经之处，还有你是如何到达现在的位置，也就是从上个已知据点离开后航行过的距离和方向。奈诺亚告诉我："你不用仰头看星星就知道自己在哪里。你得记住你是从何处航行过来的，知道自己来自何方。"

在发明精密定时器、解决经度问题之前，欧洲水手只能一直紧靠海岸线航行，而在整趟漫长的航程中，要去追踪速度、海流和方位的每个变动，也是不可能之事。但波利尼西亚人却做到了，而且无须借助文字。他们没有航海日志、笔记本或图表，也没有计速器、手表或罗盘。整趟大海航程所需的点滴资料：风、海流、方向、距离、时间，包括取得这些数据的时间顺序，都必须储存在导航员一个人的脑海中。南北纬度可以靠星星确认，但经度不行。导航员若无法将所在位置链接到参照的航路，船只就会迷航，因此卡伊乌拉尼就像所有寻路人一样，在这整段短暂航程中都不曾入睡。导航员不眠不休。他们就像修道士，不受船员干扰，也无须承担其他琐事，就这么独自坐在船尾高处，全心追踪。

马坞曾告诉奈诺亚："如果你读懂了海，如果你能在心中看见岛屿，就永远不会迷航。"

1976 年，双身独木舟展开首次远洋航程，在马坞的指挥下，从夏威夷航行四千四百公里到大溪地。令人意外的是，当地有一万六千多名欢欣雀跃的群众到场相迎，这在法属波利尼西亚前所未见。当地殖民政府远在 19 世纪中叶便正式全面禁止传统文化生活，包括岛际远程海洋贸易。双身独木舟让一切起死回生，仿佛低语化成了风，适时出现在人们身边。

1999 年，波利尼西亚航海协会从玛贵斯群岛横越太平洋至奥特亚罗瓦，展开他们最具野心的旅程。有奈诺亚这位导航员，双身独木舟希望能试着航行至拉帕努伊。这是场野心勃勃的探险。夏威夷到复活节岛大约有一万公里，但这趟航程会跨越赤道无风带，然后再抢风以之字形航行两千三百公里，因此实际上的总航程会逼近两万公里。整艘船上仅有一只指南针，却要登上一座直径二十三公里、在指南针上不超过一度的岛屿。为了减轻船上重量，食物和水的配给都减了一半，干船坞里就有 1.8 吨从船上卸掉的东西，船员人数也是双身独木舟行驶以来最少的一次。此次路线是经玛贵斯前往皮特康岛（Pitcairn），然后调向南方抢风行驶，利用西风向东向北航行，直到距目的地的距离约略小于夏威夷群岛的长度。接着他们会像画格线般来回航行找寻该岛屿，同时得小心在顺风行驶时不要驶过了头，以免一路被西风吹往南美洲。

在他们接近目标之际，奈诺亚一度从打盹中惊醒，天色晦暗，海上起了雾，他不知道船只驶到何方。他丧失海上求生所不可或缺的连续记忆与思考。他掩盖自己的焦虑，不让船员发现，就在绝望中他想起马坞的话：**你能在心中看见岛屿的图像吗？**于是他冷静了下来，恍然大悟原来他早已发现那座岛屿。那岛屿正是双身独木舟本身，在这艘神圣的独木船上，他已经拥有各种所需之物。突然间，天空明亮起来，一道温暖的光束照在他的肩上。云团消散，他随着那道光束直抵拉帕努伊岛。

跟奈诺亚还有波利尼西亚航海协会的船员一起航行，真是绝佳经验。奈诺亚成了整个波利尼西亚年轻世代的偶像及举足轻重的文化人，一如奈诺亚视马坞为导师或指引者。他在夏威夷受大众爱戴的程度绝无仅有。这些岛中弥漫着一股坚定的信念，只要双身独木舟继续航行，导航员的文化就会生生不息，而这也是奈诺亚穷尽一生要达成的任务。在他心中，双身独木舟是"神圣之舟"，也是"祖先宇宙飞船"。就我而言，这两个字眼都相当恰当。的确，如果你留意一下那些让人类登上月球的才能，再把这些才能对应到我们对海洋的了解上，你会看到波利尼西亚人的身影。

波利尼西亚的故事之所以吸引我，是因为它揭露了非常多至今仍能启发我们的重要议题以及依旧纠缠着我们的错误观念，像是货真价实的探险所展现的绝对勇气、人类适应力的卓越，还有征服和殖民所带来的黑暗冲击。这也提醒我们，要永远质疑是否有人顽强把持学术正统，因为知识通常与权力挂钩，而所谓的解释，通常只是便利某些人的表述。

如同我们在第一章所见，人类学脱胎于一个演化模型，而在19世纪亨利·摩尔根和斯宾塞等人的想象中，社会便是进化线性发展的各个阶段，按他们设想，就是从原始迈向文明。在他们的推断中，每个人类发展阶段都与特定的科技创新相关。火、陶器还有弓箭是原始的象征。当动物驯化、农业兴起、金属器具发明之后，人类进入了野蛮人阶段。读写能力则意味着文明。他们的假设每个社会都会以同样的顺序经历相同阶段，因此一个民族若有精巧的技术，就会踏上演化成功的台阶。所以波利尼西亚人和英国人或许是同时代的人，但由于前者缺乏枪和大炮，也就意味着他们处于更早的演化关头，而库克船长带领的水手则处于较后期也较先进的阶段。

这种明显过于简化又充斥偏见的人类史诠释，尽管长久以来都被人类学家斥为 19 世纪的伪知识，就如同我们现在根本难以苟同维多利亚时期神职人员坚称地球年纪只有六千年，但这种说法显然历久不衰，甚至有些当代学者也深信不疑。最近一本加拿大书籍《脱去原住民产业外衣：在地文化保存的骗局》（*Disrobing the Abriginal Industry: The Deception Behind Indigenous Cultural Preservation*）便奚落了原住民在欧洲人首次登陆美洲的时代便对世界有所贡献的想法。作者写道："两个互有接触的民族竟有如此巨大的文化鸿沟，这在历史上前所未见。"他们还补充道，"这并不代表他们（原住民）很笨或较次等，人类都经历过新石器文化的阶段。"这里的他们，指的是讲着三千多种语言的数千万人。先是大学教授口吐这般言论，大众媒体再拿去证明"第一民族"今日的理想抱负只是场骗局，实在令人反感。

美洲给了欧洲烟草、马铃薯、西红柿、玉米、花生、巧克力、胡椒、节瓜、菠萝还有甘薯。用来治疗疟疾的奎宁正是来自新世界，肌肉松弛剂筒箭毒碱则取自亚马孙人弓箭上的毒液，可卡因来自印加的植物，以"不朽的神圣之叶"闻名。这三种药物深刻影响西方医学，光是提炼出奎宁的金鸡纳树就拯救了数以万计的人命。欧洲尽管为美洲带来小麦、大麦、燕麦、山羊、乳牛、非洲奴隶、钢铁等，却也带来了斑疹伤寒、疟疾、麻疹、流感、天花和致命传染病。在双方接触之后的一到两个世代内，有九成美洲印第安人死去。

　　阿兹特克的首都特诺奇蒂特兰和印加的黄金之城库斯科城都让早期的西班牙人叹为观止。在所有当时的文件记录中，西班牙没有任何一个地方能与此两城相比。印加帝国的存在，是为了确保人民能免于贫困和饥饿，仓库建筑群沿着安第斯山脊分布，储备有几十万蒲式耳[①]的大量藜麦、玉米、酢浆草根、块茎金莲花，还有大量的脱水马铃薯粉，这是世界上第一种冷冻干燥食物，由南美洲前哥伦布时期文明所种植的三千种马铃薯任挑数种混制而成。

　　相较之下，大征服[②]后四个世纪，伦敦成了欧洲世界中心，也是地球上最富裕、最有权势的城市，但这个城市某一区的死亡率却两倍于另一区，每五个婴儿就有一名在出生时夭折。根据英国陆军的记录，穷人小孩的平均身高比富家子弟矮十五厘米，体重轻五公斤。杰克·伦敦[①]在

_____

① 蒲式耳（bushel），一种计量单位。1 蒲式耳在英国相当于 36.37 升，在美国相当于 35.24 升。——译注
② 大征服（the Conquest），此处指的是 1519 年至 1521 年的西班牙征服墨西哥。——译注

1901 年描写过这座伟大首都，当时伦敦正是最显赫的时候，
科技也傲视群伦，但他笔下的城市生活是穷人在医院垃圾
堆上爬，废弃物堆得老高：“凌乱不堪的大盘子上有一块
块的面包、大坨的动物油脂和肥猪肉，烘烤过的关节和骨
头上有烧毁的表皮，总之，都是染上各种疾病的病人咬过、
摸过的残渣。这些人进入这团脏乱中，把手插进去，又挖
又扒，翻来翻去，检视一番后丢弃并抢夺食物。景象并不
雅观，惨况更胜猪群。但这些穷鬼就是饿昏了。”

　　在人类学的早期历史中，某位学者发现有些主要的文
化理论并不充分，因为提出这些理论的人从未下过田野，
对人类发展的想法也明显受偏见所扭曲。博厄斯（Franz
Boas）是物理学家，早爱因斯坦一个世代在德国深造。他
的博士研究关注水的光学特性，而在整个调查过程中，他
的研究深受感知问题所扰，但他后来却对此入迷。在 19 世
纪这个学术研究最为兼容并蓄的时代，一个学术领域的调
查会衍生另一个领域的调查。认识的本质是什么？谁决定
我们应该要知道什么？博厄斯萌发了兴趣，开始探究那似
乎很随意的信仰和意念究竟如何汇聚到这个被称作“文化”
的东西中。他率先将文化一词视为一种组合原则、一个实
用的知识起点。他远远走在时代前端，意识到每一个截然
不同的社群、每一群因语言或适应倾向而显得与众不同的
人，都是人类遗产中的一种独特面向与前景。

---

① 杰克·伦敦为 19 世纪末 20 世纪初的美国作家，商业杂志小说的先驱，一生
　写了一百余简短篇小说。——译注

博厄斯成了现代文化人类学之父，率先以真正开放而中立的态度探寻人类的社会观念如何形成，研究不同社会的成员在观看并解读这个世界时是如何受到制约的。他首先研究巴芬岛的因纽特人，随后推向加拿大西北的海岸线沿线。他坚持学生在学习及研究时必须使用当地的语言，同时尽可能全程参与研究对象的日常生活，尽一切努力去了解他人的观点，去分析他们如何理解世界，如果可能的话，还要知道他们想法的本质。当然，要做到这一些，就必须愿意跳出偏见和成见的束缚。这种文化相对主义的概念是个不同凡响的发轫，其独特性堪比物理界的爱因斯坦相对论。博厄斯的每个主张都挑战了学术正统，冲击了欧洲人心。自此，人类学家不时被指控拥抱极端的相对主义，好像人类的任何行为只要存在，都应该被接纳。事实上，所有认真的人类学家都不会主张放弃判断力，他们只是呼吁先暂缓一下，好让人类能在充分知情的情况下做出必须的道德判断。

对博厄斯来说，顿悟的时刻出现在1883年的冬天，那时他在巴芬岛进行首次民族志之旅。他的团队被困在大风雪中，温度降到零下四十六摄氏度。黑暗中，他们迷失了方向，在雪橇上负重奔走了二十六个小时，博厄斯只能把命运交付给他的因纽特同伴及狗儿。最后他们找到了一个避难所，"又饿又冻"。博厄斯庆幸自己活着，隔天早上他在日记里写道："我时常自问，我们良好的社会跟'野人'的社会比起来，究竟有何值得称道之处？我越知道他们的习俗，越觉得我们没有权利贬低他们，没权利嘲笑那些在我们看来很荒谬的风俗与迷信。相较之下，我们这些受过高等教育的人其实差多了。"

博厄斯建立了人类学研究的模型，而他的例子也启发了那些想要继续建立人类学现代学科的人。这位人类学者的目标就是"了解原住民的观点、原住民与生活的关系，理解他们的世界观"。这些话原本可以由博厄斯说出，事实上却在四十年后由马林诺夫斯基（Bronislaw Malinowski）写出。马林诺夫斯基是波兰贵族，任教于伦敦政经学院，确实将民族志的田野调查带入更高的层次。在那个经济学理论跟马克思或亚当·斯密脱不了关系的时代，马林诺夫斯基颠覆了一切，并挑战传统的想法，包括财富的本质、交易的目的和意义等。而即便他指出当代海洋贸易网络的动能如此巨大而复杂，却也同时提供了线索，并促成一股力量，最终推动太平洋开拓。

马林诺夫斯基因第一次世界大战爆发而受困于美拉尼西亚，在特罗布里恩群岛待了两年。这是片平坦的珊瑚礁群岛，位于巴布亚新几内亚西北方约两百五十公里处。套句他的话，当地居民在当时约有一万人，都很"欢乐、健谈而随和"，并拥有艺术天分，"在文化上成为美拉尼西亚部族中的佼佼者"。马林诺夫斯基是天生的语言学家，很快就精通他们的语言并开始工作，也迅速观察出该文化大致的模样。

该族住在村落里，大部分仰仗自己的田园过活，主要作物是甘薯。甘薯的培育跟收成决定了该年社会和祭祀周期的消长。这是母系社会，有四个公认的部族，以包括鸟在内的动物和植物为图腾。岛群分为几个政治体，由男性领袖掌政。尽管冲突颇为频繁，但战争有精确的规则，战斗大多也只是戏剧性地展示长矛和盾牌。

男女异常平等，这让马林诺夫斯基印象深刻。女人有很大的影响力，通过劳动掌握经济要素，同时也有一套属于她们的巫术形式，但与色诱无关，尽管就马林诺夫斯基看来，当地人似乎沉溺于性爱。特罗布里恩群岛少女所享有的自由让他非常震惊，以他的出身，这也是理所当然。在婚前，大家似乎百无禁忌。不过一旦正式结婚，就得谨守忠诚。通奸会受严厉惩处。马林诺夫斯基将其在岛上的时光写成两本书，并在其中一本详尽思索这一切，不过我们关心的是另一本：《西太平洋的航海者》（*Argonauts of the Western Pacific*），因为这本叙说了大海的故事。

马林诺夫斯基乘着小船抵达特罗布里恩群岛。他出生于克拉科夫这座波兰内陆城市，对当地所有小孩来说，穿过凶猛急流与大海的旅程，绝对令人刻骨铭心。他想要了解当地人在重重阻隔下，究竟要如何维持社交联系。尽管特罗布里恩群岛居民几乎全仰赖土地维生，却依然发展出海上贸易。然而，马林诺夫斯基觉得光从表面上来看，他们所生产的东西还真没有一件值得冒险出海。但很快他就了解这件事无关实用。当地的交易体系很古怪，风险高又需要庞大威望，运送的却不是什么有明显价值的东西。但后来他发现，特罗布里恩群岛只是贸易网络中的众多据点之一。该网络连接海上数千平方公里内的众多部族，这些人三五成群地住在珊瑚礁上，或散布在海底山脉冒出水面的小丘上。为人熟知的库拉圈是一套均衡互惠的体系，以两种物品进行仪式性的交换。物品之一是用红海菊蛤雕成贝片再串成的项链，人称"苏拉瓦"（soulava）；另一种是用锥形白贝壳做成的臂镯，名为"母瓦利"（mwali）。两者完全是纯象征性的物品，本身不具实用价值。然而至少五百年来，男人都随时等着要冒生命危险，带着这些宝物横跨数千公里的大海。项链经年以顺时针的方向移动，而臂镯则以逆时针的方向前进。每个从事该贸易的人至少都有两名伙伴，彼此的关系将如同婚姻般持续终身，甚至传给下一代。航行者会将一条项链送给同伴，以交换等值的臂镯，再将臂镯传给另一个同伴，然后又会收到一条项链。每回接触，他都有第二个同伴在另一座岛上，也就因此形成一条不中断的分送链。这些交换并非都是立刻发生。如果有人拿到价值相当高的物品，虽然终究要设法传递下去，但他可能会先好好享受一下这件物品带来的威望。一件物品在库拉圈中的旅程可能要二十年才能完成，然后再继续下一趟旅程。每一趟航行、每个艰险和令人赞叹的故事、巫术和风，还有所有曾经陪伴过该物品的人的名声，这一切都会提升物品的价值。所以说，神圣的物品会不断移动，在诸岛屿的社交界和巫术圈内持续流转。

马林诺夫斯基领会并写下库拉圈的功能：使相距遥远、语言相异的岛民建立关系，也让实用物品来回移动，例如颜料和染料、石斧、黑曜石、陶器、磨亮的祭典石、织品和某些食物。库拉圈也提供环境让人们展示声望与地位，这两者是世袭酋长的权威基础。酋长的名字往往会和最有价值的臂镯和项链相连，这也让他们得以组织并领导航行。航行的准备工作非常严格，同时所费不赀。相隔极远的各村落必须携手合作，田园中只能耕种筹备期间所需的食物。要避开禁忌，要进行仪式性的巫术，要庆祝节日，也要保护并储存补给品。建立独木舟船队，以露兜树叶编织新帆，为悬臂梁擦亮上漆，雕刻船桨，以清洗与赐予力量的仪式为华丽的船头驱赶邪灵，包括巨大的海中怪兽、活岩石、住在深海里专吃遇难船员的巫婆。几个月过去了，兴奋感与日俱增。如同马林诺夫斯基那优雅精炼的书名，这些航海员果真如同阿尔戈号①一样，在冒险的刺激感驱使下、在大海诱惑之音的召唤下，驶向未知的前方，追寻荣耀与光彩，但不确定自己是否能再见到家乡和亲人。"每次都能乘着当地的独木舟航行实在是太棒了。你会有一种搭乘船筏的感觉，非常贴近水面，仿佛随着魔法漂浮。"马林诺夫斯基在给他妻子的信中如此写道。

---

① 阿尔戈号（Argonauts），希腊神话故事中，阿尔戈英雄是一群出现在特洛伊战争之前的战士，他们乘着阿尔戈号，踏上寻找金羊毛的征途。——译注

独木舟——征服大海的勇气

几年前我有幸航行越过特罗布里恩群岛。航程始于斐济，在进入巴布亚新几内亚海域之前，行经瓦努阿图和所罗门群岛。最终我们绕完了库拉圈的大部分范围，从东向西移动，经过伍德拉克岛再到马林诺夫斯基的根据地基塔瓦岛（Kitava）和克里维那岛（Kiriwina），接着再往南至德博因岛群（Deboyne），仿若一条苏拉瓦项链以逆时针方向移动，最终驶往莫尔兹比港①（Port Morseby）。跟马林诺夫斯基不同的是，我们是在无比舒适的远征船上航行，配有小型船队，只要天气和海流允许，我们几乎能在任何海滩登陆。我最难忘的地方是拉弗林岛群（Laughlin group）中的波达露娜岛（Bodaluna），在那里我们首次接触到库拉圈。我们从日出之处而来，横越几百公里的所罗门海广袤海洋，而对特罗布里恩群岛的人而言，波达露娜这座位于库拉圈极东的珊瑚环礁小岛已是世界的尽头。

在我到过的地方中，最遥远孤绝的就数波达露娜。珊瑚礁边只有一小片沙滩，岛上没有任何地方高于海平面一米，只有一些零散的椰子树和鸡蛋花树能勉强遮挡台风。岛上居民大概有二十户，食物都来自铺有磨碎珊瑚沙的小庭院、礁岩及大海。大蚌壳散落在沙滩上，渔网沿着海岸曝晒。房子结构简单，大多以棕榈木为骨架，屋顶是椰子壳。孩子有古铜色的皮肤，全都戴着红白相间的贝壳项链，

---

① 巴布亚新几内亚首都。——译注

在发际别上香味浓郁的白花。

我沿着海岸线走，赫然发现海滩上有一艘库拉独木舟，用椰子叶保护着，似乎已在那里待了一段时间。将船身尾端包覆起来的精刻挡浪板、挡浪板下方装饰用的分波片（tabuya）都被阳光漂成灰白色，只残留着破碎白漆。我的手指游走在浅浅的刻痕上，那些神奇智慧和遨游精神的记号，全都随着曝晒褪了色。这绝对是玛沙瓦（masawa）独木舟，为了在库拉圈行驶而特意建造。让我惊讶的是独木舟竟然这么小，宽度不超过两米，长度则与双身独木舟甲板的宽度差不多。船身以树脂填塞，涂上焦黑椰子壳和香蕉油制成的黑漆，一根短短的船桅以纤维绳索固定。这艘船就这样躺在沙滩上，突兀一如它在水上的样子，微微倾斜，好让稳定船身的舷外浮杆能够刚好掠过海面。这艘船不是设计来乘风破浪的，一入了水就无法转向，遑论抢风航行。事实上，这艘船是建造来在点对点的顺风航线上航行的，就像单一射道上的箭。撇开其他不谈，库拉至少代表了执着。

一场暴风雨正往东边扩大，光线隐入云层中，无垠的大海陷入黑暗，同一时间，西边的太阳在沙滩上投下一抹阴影，并倏忽照亮近岸的青绿色海面。礁岸外海的少年发现风暴将近，立刻划往岸上。我看着他们，试着想象坐在这座小岛上，突然看到海平线上出现一支库拉独木舟船队，多达八十艘，全涂着明亮的漆，装饰着贝壳、羽毛和花串。狭窄的船上载着五百人，他们可能花了好几个小时为自己涂上椰子油，在发间戴上木槿花，然后进行秘密仪式，念起咒语，以诱使岛民放弃他们的库拉宝物，确保这场远征能够满载而归。所有岛民都聚集在海滩上，带着伪装的敌意，等待来访船队领袖的召唤。这位领袖还未上岸便开始大声疾呼，希望岛民慷慨接待，以确保所收到的礼物会跟自己花了极大风险和费用、大老远带来的东西等值。接着海滩上齐声吹响海螺号角，表示岛民同意尽自己的义务，接着岛上所有重要人士扛起了礼物，走进浪涛中。唯有等到交易完成，来访的人才会离船上岸。

他们会待多久则取决于风，时间并没有太大意义。另外，决定财富的也不是所有权，而是一个人以其慷慨馈赠而获得的声望与地位，而这人也因此卫护了一个社会网络、一种人类文化资产、一座放满仪式性债务和义务的宝库，让氏族或家族永远从这座宝库中获利。

我们努力在珊瑚群中徒手开出狭窄海道驶离之时，我听到一个令人又惊又喜的故事。那艘我欣赏不已的库拉独木舟属于一群被风困住的人，他们一困就是四个多月，正在等待时机扬帆返家。在这期间，他们默默打进这座珊瑚环礁小岛的生活圈。假使我们的船要往回走，他们会向某个船员提出请求，或许我们就可以载他们一程。他们要往东走，而我们则向西行。虽然，我们的船会折返，但要等上好一段时间，他们的响应是他们可以等六个月没问题。虽然我认为海尔达尔并不是这么想，但这件事或许让我们更清楚看到人类开拓无垠大海的勇气与耐心。

第3章 巨蟒之族

PEOPLES OF THE ANACONDA

在西方，时间犹如黄金，
你储存，你失去，你浪费，你拥有得不够。
在巴拉萨那语中，
并无时间一词。

——史帝芬·休-琼斯（Stephen Hugh-Jones）

女战士的国度

　　让我们用一个故事开始第三场梅西公民讲座。故事发生在西班牙征服印加帝国的那段晦暗日子里。1541 年 2月，印加帝国的征服者弗朗西斯科·皮扎罗（Francisco Pizarro）同父异母的兄弟贡萨罗·皮扎罗（Gonzalo Pizarro）开始一场横越安第斯山脉的旅程，寻找黄金国与肉桂之地。他带着两百二十名士兵、四千名当地挑夫，还有两千头食用猪离开基多①。远征队攀过山顶，开始漫长缓慢的下坡路，穿越云雾森林里纠结的藤蔓和低矮的树木，抵达热带低地。黑色宽吻鳄鱼栖身的河岸在入夜后闪闪发亮。他们抵达此处时，早已吃光猪和马群，大多数印第安奴隶和一百四十名西班牙人也命丧黄泉。幸存者沦落到炖煮皮革与野草为食，在荒野中寻觅根茎和莓果果腹，也有一些人因中毒而精神错乱。贡萨罗在绝望中派出副官奥雷亚纳（Francisco de Orellana）带着四十九人沿着高山丛

---

① 基多（Quito），古印加帝国的政经、文化中心，仅次于首都库斯科城的第二大城市。——译注

林里的支流而下，找寻粮食和脱困之道。这群人中有位穿着白长袍的道明会修士卡发耶（Gaspar de Carvajal），他记下了这段惊人的旅程。

当他们抵达纳波河（这不过是亚马孙河一千一百条主要支流的其中一条）时，奥雷亚纳的手下出现暴动。他们苦不堪言，拒绝遵从原本的号令折返上游。水流过于湍急，怎样都找不到食物。奥雷亚纳在一串法律形式（西班牙征服者在这方面颇负盛名）及卡发耶的见证中正式辞去职务，表示他能接受这群泥泞褴褛的生还者以鼓掌通过的方式选出新指挥官。之后，奥雷亚纳弃贡萨罗于不顾，于 1541 年圣诞节翌日与一伙人动身前往未知之境，搭上用树木和死马的蹄钉匆促打造而成的船，顺着纳波河的激流而下。

他们饱受阳光曝晒之苦，夜晚还有吼猴的号叫、青蛙和蝉只令人迷乱的嗡嗡声响，以及美洲豹冷不防的吠叫烦扰，数日后抵达纳波河与乌卡亚利河的交会处，即秘鲁境内的亚马孙河上游。他们发现河岸上有一整排印第安聚落，聚落与聚落间以鼓声互通声息，确保流域中的每段转弯处都能随时备战迎敌。三名西班牙人立刻成了箭靶，死于悄悄从林中射出的毒液飞刀之下。卡发耶自己也被射瞎了一只眼。幸好箭上无毒，否则我们无缘得见这段历史。他在日记上写下那些患者疾病缠身的痛苦，奄奄一息的病体充斥着寄生虫，肠道因缺乏食物而扭曲。这无疑是残忍的折磨，因为每走一公里，就有更多富庶繁荣的原住民村落，以及富饶的田野、大量健美的居民，还有明显很精致的文化。经过九天共几百公里的跋涉，这群西班牙人进入欧马果人的土地，惊讶地发现沿河岸竟是村村相连，绵延约三百二十公里。依照卡发耶所言，每座村庄的面积不超过一个十字弓的射程，一整片密集的茅草屋构成一个社群，延伸约二十五公里长。

六个月后，奥雷亚纳一行人通过尼格罗河河口。该河比密西西比河长上四倍，如果出现在其他大陆，就会是世上第二大河。森林、河流和天空的宽广让他们深感不安。他们再往下游航行两天，在雅梦达河岸遇到一些印第安人，他们自称是某个凶猛女战士部族的属民。这支女性部族是文明的异数，住在远方河流发源地的盐湖边，村落以石头砌成。她们骑骆驼，穿戴最好的织物，敬拜太阳神，神殿里陈列着金刚鹦鹉羽毛和鹦鹉羽饰。她们会捕捉男人，目的纯为繁衍生育，一生下男婴便立刻将其杀掉。按照卡发耶所言，两星期后探险队进入了亚马孙女战士的国度，与女酋长率领的印第安战士对战。她们全身赤裸、高大白皙、系辫长发盘在头上，人人都能以一敌十。西班牙人在数名同伴阵亡之后落荒而逃，所驾的双桅帆船被射成箭靶。

西班牙人发现下游的聚落一座比一座精致。在塔巴赫斯河靠近巴西现代城市圣塔伦一带，探险队遇到两百艘作战独木舟，每艘船上乘载三十人，全穿戴着漂亮的羽毛斗篷及阳光般闪耀的冠冕，全副盛装。河边几百公里密布着房屋田园，几千个居民沿着河岸小心翼翼地伫立。照卡发耶所写，海岸稍远处有迹象显示可能有"庞大城市"。

1542 年 8 月 24 日，从纳波河启程后八个月，走出基多山区的冷冽空气后一年半，奥雷亚纳那支衣不蔽体的队伍已经因饥饿而过于虚弱，无法划船。他们最后成功得救，抵达了大海，但一想起这条把他们一路载来的惊人河流仍心有余悸。在三角洲中，有些岛屿就跟一些欧洲国家一样大，河岸可相隔三百公里远。探险队就这么一路蹒跚地驶向大海，河岸都在几公里外，从船上已看不到陆地，水也还可以勉强饮用。

回到秘鲁后，卡发耶完成他的日记。但这部描述冒险和发现的杰出巨著却几乎立刻沦为笑柄，甚至连他的修士同侪也直斥为一派胡言。问题出在女战士的故事过于荒诞，评论家认为那纯属虚构，因为与希腊神话及希罗多德的描述太过相近。"亚马孙"（Amazon）一词源自"a-madzon"，意思是没有胸部，长久以来一直被认为跟某个传说中的女战士国度有关。据说她们住在地中海外的某个未知之地，会割掉自己的右乳房，以便在战斗中使用弓箭。这些女战士以骁勇善战闻名，赫拉克勒斯的第九项苦差就是拿下女王的腰带。在新世界的野蛮中心发现这样的女人，这个说法本身就令人难以置信，尤其卡发耶并非第一位宣称遇到她们的人，即便这次是在一个新地点。

哥伦布在寻找印度航线的证据时，想起了马可·波罗在中国海域发现的女人岛，因此向伊丽莎白女王描述了一座没有男人的女人岛，她们身着铜甲，将食人魔当作亲密爱人。韦斯普奇（Amerigo Vespucci）[①]在加勒比海马提尼克岛发现专吃男性的女人。柯蒂斯派表亲弗朗西斯科在墨西哥北方沿岸调查女性国度的说法，传说中这块地是由黑人女王柯丽菲亚（Califia）统治，这也是加利福尼亚（California）这个地名的由来。女战士国度其实跟黄金国及青春之泉一样，一直都是探险家的目标。一段时间后，这些欧洲神话被想象力丰富的美洲印第安人改编，因为过去的残酷经验告诉他们，他们最好跟这些白人随便说些他们想听的话。于是女战士的故事以新颖而生动的形式传回旧世界，由于听起来相当真实，神话成了历史。查理五世国王对此特别着迷，也正因为他，本来一直被称作"淡水海"（the Mar Dulce）的河流有了新的名字"亚马孙河"（Río Amazonas）。

但西班牙历史学家戈马拉（Francisco López de Gómara）这样的怀疑者早在 1552 年就写到他依旧不相信卡发耶，并驳斥那整套叙述只是在耸人听闻，且试图掩盖奥雷亚纳背叛、遗弃了指挥官，又没能在这趟探险中发现黄金或肉桂，或替西班牙王国找到任何有价值的东西。卡发耶的《记述》（Relación）一书记录了欧洲人如何首次沿着世界最大河而下，却淹没在宫廷的耳语和阴谋论中，为历史所忽略，一直到 1895 年方获出版。讽刺的是，这位修士若不提及亚马孙女人，他这本不凡的日记或许早就声名远扬，因为他无疑确实见证并忠实地记录下一切。就算是今日的人类学家

[①] 15–16 世纪的一位意大利商人兼航海探险家，美洲（America）一词便是源于他的名字。——译注

和考古学家，读过这些观察后也会有所启发。美洲大发现时期的亚马孙并不是空洞的森林，而是文明的主动脉，成千上万（实际上是数百万）人类的家园。

"伪天堂"亚马孙

这条怎么描述都不嫌夸大的河流也招来了陈腔滥调。毕竟亚马孙是世上最大的单一热带陆生动植物区，雨林有整个美国大陆那么大，丰富的生物资源可以覆满满月的月球表面。康拉德认为与其说亚马孙是丛林，不如说像远古的暴民，是古时大片植被群起暴动、占领世界的遗迹。20世纪30年代，方济会修士皮内尔（Gaspar de Pinell）在哥伦比亚普图马约河的低地游历，他描述自己所逗留的地方是："草木及阴郁青苔覆盖了高耸的树木，仿佛建造了一座哀凄墓室，旅人恍如行走在鬼魅和女巫的隧道内。"这就是"绿色地狱"（Green Hell）亚马孙，1935年伦敦有本颇受欢迎的游记，用的便是此一书名。场景位于玻利维亚的低地，也可以是亚马孙流域的任何地方。作者出现在卷首上，因烈日而眼盲，因赤焰而灼身，因森林那阴森怪异的寂静而战栗，"恼人的螯刺、因缺水而干裂的喉咙和嘴唇，还有令人不快的热带雨"都让人极度痛苦。

20世纪70年代我成为植物学系的学生时，过时已久的"丛林"一词成了伊甸园的代称。当然这是脆弱的伊甸园，就像在我首批发表的文章中所写的："这是生命

的宝库，但远比表面所呈现的还要脆弱。事实上，许多
生态学家称热带雨林为伪天堂，问题就出在土壤上。大
多数区域根本就没有泥土。所谓雨林，实际上是建在沙
地上的城堡，头面住着浩瀚丰富的生物。"这个论调相
对大胆，但本身也带着某种老套，一如"绿色地狱"的
概念，而且在我进研究所时已经成为新兴生物保护运动
的箴言。其科学启发来自某位苔藓学家的经典研究，即
理查兹（Paul Richards），他于 1952 年首次出版的《热
带雨林》影响深远。

理查兹指出，森林以两个主要策略保存生态系统的养分
藏量。温带地区因四季分明，累积了丰沛的有机肥料，土壤
本身就藏有大量生物资源。相反的，热带地区长年湿度高，
年均气温也在二十七摄氏度左右，树叶一落到森林地面，细
菌和微生物会立刻分解相关物质。百分之九十的树根都长在
地面下十厘米之内，重要的养分也会立刻被表面植被吸收。
在这座活的森林里有数千种交互作用、相互依赖的有机体，
正是这种极端的复杂造就了森林丰足的生态系统。

但这层罩篷一遭移除，便会启动毁灭的连锁反应。温
度剧烈上升，相对湿度下降，蒸发率陡降，原本生长在林
里树根间以强化养分吸收能力的菌根丛也开始脱水死亡。
森林缺乏植被保护，豪雨便会造成破坏，并进一步导致养
分流失，土壤也会发生化学变化。我忧心地提出警告："在
亚马孙的某些砍伐区，氧化铁沉淀在冲刷过而暴露出来的
土壤上，形成数层厚厚的淤积红土，这层如岩石般坚硬的

红土铺面，连一根杂草都长不出来。"

这听起来可以让我们了解热带雨林的基本动态，但若要大规模套用到亚马孙这类巨大的区域，就显得像口号而非科学。其一，这种说法暗示亚马孙流域是一致的生态系统，而过去五十年来的田野研究已经揭露这个看法过于简化。亚马孙的三分之一是草原，有一半可能是丘陵森林，但不仅动植物有惊人的多样性，地形和土壤也不遑多让。单纯的理论不尽适用于这个比安大略省大七倍的广阔陆地。然而，我们之所以关注亚马孙的脆弱性，原因有二。第一，这是环境议题，各地民众对亚马孙沙漠化的速度都有相当合理的忧虑。沙漠化问题大多发生在巴西，主要是南方农业边陲区扩张所致。第二点跟这个故事比较有关：有人说森林环境相对没那么重要，这刚好符合西方人对亚马孙原住民生存意义的成见。

1743年,法国探险家暨地理学家康达明（Charles-Marie de la Condamine）带领首批科学探险队在亚马孙河游历。康达明在人类植物学上的发现相当杰出。他率先指出奎宁能够治疗疟疾，率先描述橡胶，也检验出箭毒的植物来源，宣布巴巴斯可的存在，而这种杀鱼用毒素还能制造出鱼藤酮，一种天然降解的杀虫剂。印第安人把这一切非凡植物介绍给康达明，但他对森林人种的鄙视却也到了无以复加的地步，他说："在把他们变成基督徒之前，得先让他们变成人。"在他眼中，印第安人是停止成长的小孩，被困在这座他崇敬却终究一无所知的森林中。

　　20 世纪 50 年代，人类学家大量进入亚马孙，当时只有流域边缘的遥远上游还有幸存的原住民文化。欧洲人在河流主干及其他主要支流的下游殖民已超过四百年。的确，一个独特的世界已然出现。在河边务农的卡布克罗人（caboclos）血统多元，但族人赖以维生的一切都来自原住民祖先及适应环境的能力。然而，亚马孙泛滥平原上最初始的居民，现今也只留存于沙之影与林中的低语中。

　　人类学家（尤其是民族学家）自然就会注意到现存所谓"真正的"印第安人。这类社群大多沿着安第斯山脉东侧的宽广山弧居住。这道山弧延伸到亚马孙流域的边缘地带，从南边的玻利维亚到北方的哥伦比亚，然后跨过委内瑞拉南边、奥里诺科河的上游和法属圭亚那地盾的南侧。安第斯山脉是恐怖的屏障，在"二战"之前从来没有人经由陆路从西侧横越山头。许多我所知道的文化，像是玻利维亚的奇曼尼族（Chimane）和摩西特内族（Mosetene），秘鲁山中的马奇根加族（Machiguenga）和坎帕族（Campa），厄瓜多尔低地上的科芬族（Cofán）、西欧那 - 席科亚（Siona-Secoya）和初尔族（Shuar），委内瑞拉的亚诺玛米族（Yanomami）等，在 20 世纪 60 年代之前从不曾与外界持续接触。1981 年，我与瓦拉尼族（Waorani）同住，尽管他们的家园距离厄瓜多尔首都基多不过一百五十公里，却一直到 1958 年才开始与外界和平交流，而那时基多已被殖民四百多年。1957 年，有五位传教士试图接触瓦拉尼人，却犯下严重错误。他们比着友善的手势拍下 8 × 10 英寸的光面黑白照，从空中丢下，却忘记这些森林中人一生中从未看过二维的东西。瓦拉尼人从林地中捡起这些印刷品，往脸部的后方瞧，试图找到人影，却什么也没看到，于是他们下了结论：这些照片是邪灵的召唤卡。当传教士抵达后，族人立刻用长矛将他们刺死。顺带一提，瓦拉尼人认为所有外人都是食人族，但他们的长矛不只刺向外人，也刺向自己人。该族在八代内有整整54%的族人死于部落内的长矛突袭。

从过去到现在，瓦拉尼族一直是杰出的民族，也在许多层面谱出独一无二的历史，但同时他们也跟许多边缘社会一样符合基本模式。"边缘"二字指的是他们居住在流域的边缘地带。这些文化的人数多半不多，没有社会阶级或明显的专门分工，通常缺乏首领，没有明确的政治领袖。另外，最特别的也许是族内通婚。他们婚后各自独居，而且经常与邻居公开冲突。他们当然也有超凡的天分。瓦拉尼族猎人在森林里能够闻到四十步外的动物尿味，并且辨认出是何种动物。他们累积代代相传的实证观察和试验，熟习大量处理植物的技巧。瓦拉尼人利用植物毒液渔猎，也制造迷幻剂诸如死藤水，这显示他们拥有超乎科学解释或理解的奇妙才能。尽管土壤养分贫乏，他们为了在森林中活下去，也设法用刀耕火种的农作法让食物生长。他们放火烧掉一小块森林，砍出耕地，种植作物并收成。收成会日益减少，或许过了三年他们就会舍弃这块地，使耕地变回森林。这些活动与人口密度密切相关。人口太多，耕地会来不及长回植被，造成地力枯竭及环境负载力饱和。

这个文化情境在相当程度上成了人类学家的滤镜，让他们更能理解亚马孙原住民的生活。这些社会总是囿于环境及本身的种种限制，过着朝不保夕的生活。1971年，美国史密森学会备受尊重的考古学家梅格斯（Betty Meggers）出版了《亚马孙：伪天堂里的人类与文化》（*Amazonia: Man and Culture in a Counterfeit Paradise*）一书，几乎成为南美洲每堂人类学入门课程的指定用书。梅格斯指出，这些文化都是一个个小型的狩猎采集社会，数世纪以来几乎不曾改变，没有一个能负荷千人以上的人口——这个数字是出于她的独断认定。她认为河流下游的泛滥平原可能有更多人口，这的确与卡发耶的描述一致，但缺乏明确证据，而且河流主干沿岸所有的"原住民文化在被发现后全撑不过一百五十年"。

但真是这样吗？在亚马孙保存考古遗迹的棘手程度其实一直不下于波利尼西亚，不过 20 世纪 80 年代之后的新技术却揭开意料外的世界。当考古学家，特别是罗斯福（Anna Roosevelt）在亚马孙河三角洲的马拉若岛上工作时，发现了证据证明岛上有复杂的文化。这数千平方公里的土地一直有人居住，可能有十万人之多，历时千年以上。在尼格罗河和亚马孙河交会处的城市玛瑙斯附近，有大量可回溯到公元 1000 年的土墓冢，证明当时这块土地上的人已经会利用一百三十八种作物，多数是果树和棕榈树。与此同时，植物学家和生态学家也遍查亚马孙流域令人好奇的特殊现象：一片片大型孤立的黑土（terra preta），说明人们事实上曾定居于此，并用木炭保存养分，以有机废料为堆肥，积极加强土地的农耕潜力。美国杜兰大学的民族植物学家柏利（William Balée）表示，原住民用黑土滋养的亚马孙丘陵森林可能有整体面积的十分之一，约等于法国。

这些观察挑战了传统的假设，其他学者开始质疑刀耕火种农作法的起源与影响。瓦拉尼族在与欧洲人首度接触时，依然保有石头工具。而我，身为当过伐木工的植物学家，在和他们住在一起时就常好奇这样的石器究竟要如何砍倒热带硬木，我用现代斧头都几乎砍不倒。人类学家卡内罗（Robert Carneiro）也思考过这个问题，并且决定做个实验，结果是用石斧砍下一棵一米的树需耗费一百一十五小时，也就是一天砍八小时，得连续砍三周；清出半公顷的土地则要每天工作八小时，共一百五十三天。据梅格斯和其他权威学者所言，一块地只能密集耕作三年，再考虑一个人还要做其他事，像是狩猎、捕鱼、举行宗教仪式等，花费这么多精力却仅有一点点回馈，可以说是完全不实际且不适当。相较于砍伐、燃烧、种植、收割，然后移往下个地点，人们可能更想定居。确实如地理学家德尼文（William Denevan）所写："印第安人采用轮耕或称刀耕火种的古老做法，让人类与大自然永远保持平衡，此一说法完全是个迷思。"亚马孙的刀耕火种农作法可能是比较晚进的发展，在与外界接触并引进钢铁器具之后才有可能出现，并逐渐成为流域边缘地带的农业技术，因为他们人数稀少，土地却庞大到能够弥补近乎荒唐的低下效率。但对于亚马孙河沿岸人口密集的文化而言，这显然并非维生的基础。

今日的人类学家体认到，与边缘社会接触的经验长久以来都会影响我们对古老世界的理解，而这些边缘社会都经历过大屠杀浩劫。透过这种方式认识这片流域的史前历史，其实更像是在伦敦被核弹夷为平地后，我们试图从赫布里底群岛①的观点重建大英帝国史。双方接触后的一个世纪内，疾病和蓄奴制度夺走数百万原住民的生命，然而不可思议的是，今日在亚马孙的某个地方还能感受并听见这些伟大文明的律动，那来自一支卓绝的文化复合体，我们统称为"巨蟒之族"。

巨蟒之族——印地安人的神奇传说

1975 年，我首次游历哥伦比亚境内的亚马孙西北部，途中停留在比亚维森西奥城，一座依偎着安第斯山脉东方山丘的小城市，去拜访传奇的自然科学家梅达姆（Federico Medem）。梅达姆是拉脱维亚的伯爵，从俄国大革命中逃出后，在热带低地的森林重获新生。他是我大学恩师舒尔茨教授（Richard Evans Schultes）的老朋友，也是植物探勘家，1938 年在墨西哥发现神奇蘑菇，因此点燃了嗑药的迷幻风潮。之后他在亚马孙最偏远的地带待了十二年。当晚我在他的住处碰到他，那是栋凌乱的复合建筑物，看

————————————
① 由位于苏格兰西部大西洋中的众多岛屿组成。——译注

起来像是老橡胶贸易商的营房宿舍。屋子有木制地板及锡片屋顶，开放式的走廊挂着些吊床，墙面用美洲豹及毒蛇的皮装饰。他时而抚玩手工艺品，或让手指游移在百年前手绘的褪色地图上，天花板上的吊扇在书桌上投下微微阴影。他最有价值的收藏品是一条萨满巫师的项链：一条棕榈纤维的绳子串着 15.2 厘米的剔透石英。他表示项链是太阳神的阴茎和结晶的精液，散发的三十种色彩全是神圣仪式中各种相互平衡的能量。这条项链也是巫师之家，当巫师服下"丫嘎"（yagé）或称为死藤水的迷幻药水后，便会进入项链里，放眼观望世界，看看他子民的土地及圣地——森林、瀑布、山崖峭壁和黑水河等，他以动物的方式不断地看。

当晚梅达姆就寝后，我在他的办公室一直待到很晚，看着他推荐的书《亚马孙的宇宙》（*Amazonian Cosmos*）。作者是哥伦比亚最知名的人类学家赖歇尔－多尔马托夫（Gerardo Reichel-Dolmatoff），他也是舒尔茨的至交及同事。赖歇尔让我知道河流的重要性。对沃佩斯流域的印第安人来说，河流不止是交流渠道，更是地球的血脉、生者与死者的连结、祖先自创世以来所跋涉过的路径。关于印第安人的起源有各种神话，但总会说到发轫于东方的伟大之旅，以及神圣的独木舟被庞大巨蟒从东方带到米尔克河。独木舟上有第一批人类，还有太阳神所赠予的三种最重要的植物：古柯叶、木薯和丫嘎。巨蟒的头部散发耀眼光芒，独木舟上的神话英雄按照地位依序坐着，从酋长、

主掌智慧的舞者和吟唱者、战士，到萨满巫师，最后是坐
在船尾的仆人。他们全是兄弟，也是太阳神的子女。大蛇
一抵达世界中心便横躺在地，伸展成河，强而有力的蛇头
变成河口，蛇尾则蜿蜒至遥远的源头，蛇皮上的纹路喷出
急流与瀑布。

　　每条河流迎接不同的独木舟，每个渠道都有五位典型
的英雄上岸定居，地位低下的仆人往上游走，酋长则进占
河口。于是沃佩斯的众河流开始形成，住民出现，德萨纳
族（Desana）现身在帕布里河（Río Papuri）、巴拉萨那族
（Barasana）和塔度悠斯族（Tatuyos）在皮拉巴拉那流域
（Piraparaná）的上游、图卡诺族（Tucano）在沃佩斯、
马库那族（Makuna）在波普亚卡流域（Popeyacá）和皮拉
巴拉那流域下游、塔尼木卡斯族（Tanimukas）和雷图阿玛
族（Letuama）在米里提流域（Miriti）和阿帕波里斯流域
（Apaporis）。随着时间推移，神话所描述的阶层制度瓦解了，
那些曾在同一条船上航行的人生下了后代，后代在各流域
混居，视对方为家人，说同一种语言。为了确保兄弟姊妹
不至于通婚乱伦，他们严格规定男人所娶的新娘必须说不
同的语言。

　　在今日，年轻女性婚后会搬到丈夫的长屋，以丈夫的
语言抚养孩子，但孩子也能自然学到母亲的语言。同时，
母亲会跟孩子的婶婶、姑姑一同工作，而这些女人可能都
来自不同语系，因此一个聚落可能会出现十几种语言。一
个人能够流利使用五种语言是很常见的事。不过令人好奇

的是，随着时间的过去，各种语言的完整性从未腐蚀。文字不会变得不纯，语言也不会遭人乱用。一个人在学习语言时会只听不说，直到精通为止。

　　人类学家称这种罕见的通婚规定为异族通婚，这种规定有个无法避免的结果，就是生活会有一定的紧张。族人要不断寻找可能的婚姻伴侣，而相邻的不同语族又距离遥远，因此文化机制必须确保适婚的年轻男女能定期相会。赖歇尔写道：聚会和盛大的季节庆典相当重要。他们通过宗教仪式将生活与神话祖先及创世连结起来，同时也在跳圣舞、朗诵神话、分享古柯叶和丫嘎中，发扬整个社会系统赖之以运作的互惠精神与交易行为。

　　这本书激起我的好奇心，隔天早上我便搭乘了军用货机飞到米图（Mitú）。米图位于沃佩斯河的弯道，是无陆路可通的小型聚落，从比亚维森西奥城搭飞机三小时可到。军机上没有门，我仿佛坐在小货车的尾部飞越天空。我在米图待了将近一个月，跟当地印第安人一起调查研究植物，大多数是库贝欧族（Cubeos）和图卡诺族。不过无论是在精神、文化或在现实生活中，我都从未进入他们世界的核心。森林太浩瀚，距离太遥远，黑色河流美得惊人，但被无尽的激流和瀑布切成碎片。

　　两年后我重返旧地，并说服一位传教士飞行员载我到皮拉巴拉那河边的圣米格尔天主教教会。教会位于巴拉萨那族的家园，从米图要再往森林飞一小时，已经是一个人在西北亚马孙所能想得出最遥远的目的地。不过这次也是短暂拜访，加上语言和仪节隔阂（我是名副其实从天而降的不速之客，巴拉萨那人又大多只能讲几句西班牙语），我对这个地方只有粗浅的认识。我同时也感慨传教士的影响力，让这个与众不同的文化注定消失。无论我们身处何方，都会和今日的人类学家发出类似的喟叹：与我们相遇的一切都将烟消云散。

距离我第一次笨手笨脚地访问西北亚马孙很久之后，发生了一件值得注意的事。1986 年，新当选的哥伦比亚总统巴尔加斯任命人类学家即赖歇尔的门生希迪布兰（Martin Von Hildebrand）为原住民事务委员会的主任，要他为哥伦比亚的印第安人做些事。希迪布兰在塔尼木卡斯族住过多年，还在当研究生时便乘舟划过整条皮拉巴拉那河。他做的，不止是"一些事"。在那非同寻常的五年里，他为哥伦比亚亚马孙的印第安人取得的土地所有权约有二十五万平方公里，大约有英国那么大，总共建立了一百六十二个保留区，地籍全编入 1991 年国家政治体制法。从来没有民族国家做到这一点。接下来，哥伦比亚在整个 20 世纪 90 年代还有新世纪之初饱受战火蹂躏，一层纱幕将西北亚马孙隔离开来。2006 年，希迪布兰邀我一起返回皮拉巴拉那河，他说在这纱幕后头，一个古老的土地之梦已然重生。

我跟希迪布兰在飞离米图的前一晚缩在简陋旅馆的水泥地上，一边嚼食古柯叶和烟草，一边看巴拉萨那的巫师马林（Ricardo Marin）在大地图上指出圣地的位置。我们将会先从空中看到圣地，之后再跋涉过河流和小径。希迪布兰和他在盖亚亚马孙基金会的同事已经把马林所知的三维空间位置标在二维平面上。这个基金会是草根的非政府组织，与哥伦比亚亚马孙地区的五十多个种族合作。巴拉萨那没有用来表示时间的单词，而圣地也不是远古神话事件的纪念地或象征。如马林所说，圣地是活生生的地方，永远地融入了现在。对他的族人而言，过去即现在，圣地到今天仍住着神话人物。

隔天早晨，我们的小飞机向上穿进云层，像只大黄蜂钻到树冠上方，渺小得微不足道。森林向地平线尽头延伸，只有少数地方露出曾有人类伫足的痕迹。马林就坐在我前方，在他欣赏景色时，我也专心看着他，想要看到他眼中所见。那天早上我们飞了四小时，在巨蟒民族的整个国度盘旋，从米图向东前进，飞过帕布里河上方，再向南沿着塔拉伊拉（Taraira）和分隔哥伦比亚与巴西的古老山脊飞行。我们一抵达卡奎塔河（Río Caquetá）和阿帕波里斯河（Río Apaporis）的交会处时，便转向西飞越涌希（Yuisi）和吉里吉里摩（Jirijirimo）两座大瀑布，到卡娜娜里（Kananari）河口后，往北越过比安第斯山还古老的沙岩峭壁。往西边可以遥遥望见塞罗坎帕里亚（Cerró Campaña）在地平线小小的轮廓，另外还看到奇里比奎特山脉（Sierra de Chiribiquete）顶部一大片平坦的山脊，这是一座隆起的巨大高原，位置难以想象的偏僻。云雾飘过树冠，一道完美的彩虹弧线划过天空，两端轻触阿帕波里斯河两岸的森林，波动的河流如巨蟒般穿过寂静而亘古不变的森林。

我们很晚才降落在圣米格尔简陋的泥地跑道上，也就是我在 1977 年曾造访的天主教会。我认出一些田地、坐落着广大长屋（又名马洛卡）的景致，还有皮拉巴拉那河岸边的白沙滩，小孩和女人都在这条黑色的河里沐浴。但除此之外，此处已是面目全非，我记忆中的传教所是个伤心地，经过长期废弃之后，如今早已消失无踪。我们待在此处的第一晚，一百多人聚集在马洛卡里，男性身着羽毛装跳舞吟诵，服用神圣药水、古柯叶、烟草、发酵饮料"奇查"（Chicha）和丫嘎。巫师蜷缩在盛装圣食的葫芦上，低声轻柔地吟出咒语，这是我第一次听到尤鲁帕里（Yurupari）发出那种令人难忘的声音，而这种乐器是由世界伊始流传至今。这些神话般的乐器长久以来被天主教神父斥责为恶魔的象征，在传教的几年间被破坏烧毁，但那股声音依旧存在，鼓舞了新一代的巴拉萨那人、马库那人、塔度悠斯人和这条河流旁的其他民族，强力地显示着文化生命力依旧旺盛。希迪布兰说，在我首次造访后的三十多年间，唯一在皮拉巴拉那河流域消失的就是传教士。

整整将近一个月的时间内，在希迪布兰、马林及其他巴拉萨那和马库那领袖的导览下，我们游历了河流，参加了庆典，也造访圣地，包括大瀑布，那是文化英雄和黑暗力量作战的战场，还有撑住天空的黑石大圆顶、因母神及地球始祖罗咪库牧的经血而染红的瀑布。在这趟短暂的旅程中，有人飞来加入我们，史蒂芬·休－琼斯（Stephen

Hugh-Jones），剑桥大学人类学系的前系主任，和太太在
20 世纪 60 年代晚期首次与巴拉萨那族人同住。他现在回到
这里，成了受人敬重的长者，也是唯一能流利使用该族语
言的学者。身为人文主义者及拥有深刻洞见的民族志研究
者，休－琼斯将大部分的学术生涯都投注在了解巴拉萨那
人及其邻居的发展起源上。他的出现让这趟旅程变成一连
串精神与文化的私房课，让我们每天都有新启发，对精妙
的哲学奥义有更深的理解，也更能了解巴拉萨那人的复杂
文化还有由衷的希望。

在巴拉萨那人的思维里，没有始与终，也没有线性时间、
天命和宿命的观念。他们的世界层层套迭，没有一件事是独立
存在，所有想法都同时有感知和意义两种层次。正如休－琼斯
所告诉我的，每个东西都必须透过各种层面的分析去了解。
激流会阻碍你前行，却也是祖先之家，前后各有一扇门。
凳子并非山的象征，而是一座彻头彻尾的山，巫师则坐在
山顶上。一排凳子成了古代巨蟒，木凳上的花纹描绘出祖
先的旅程还有巨蟒皮的条纹。拟椋鸟羽毛做成的冠冕就是
太阳，每根黄色羽毛都是一道射线。巴拉萨那世界里无穷
尽的元素就像旋转木马一样在心里快速转动，但即使只是
想谦卑地解释他们对生存奥义的认知，都不知如何着手。
或许马洛卡除外，那不但是人居住的实体空间，也是整个
宇宙的庞大模型。

如果我们是以纪念堂式建筑的规模来衡量文明，一如
我们对印加石造建筑或玛雅神庙的评价，那么，即便我们

用的方法很粗糙，马洛卡仍是古老亚马孙民族傲人成就的明证。马洛卡的结构宏伟，内部是完全包覆的空间，长四十米，约二十米宽，拱形天花板离泥地有十米高，这片泥地在数万次轰隆的舞步及天亮时孩子的安静通行下愈发坚硬。马洛卡是血缘关系的子宫，是宗族阴暗凉爽的庇护所，也是公社空间，表现该族精神的社交动作都在此酝酿展现。

马洛卡有精美的对称结构：八根垂直的柱子等距立于两排，另有两对较小的柱子靠近门边，有横梁和一排排以褶状编在橡木格上的茅草。房屋门柱以家族祖先之名命名，房屋正面的彩绘描绘出圣灵及服用神圣药水丫嘎后心灵迸发出的色彩与幻影。从世俗的层次来看，这个地方依性别分为两块。长屋的前方预留给访客与男性，这里是社会的轴心，入夜后人们在树脂与蜂蜡制成的火把下调制古柯叶，吸进高浓度的烟草，感觉指尖冒汗，世界疯狂地天旋地转，却也发出和谐的共鸣。女性主掌长屋后方，四根角柱上放有泥制烤盘，母亲每天在此将木薯这种有致命毒液的植物变成食物，成为族人日常的面包。木薯要以精心编成的滤网筛过才能化为粮食，而这个滤网被视为巨蟒的嘴。

马洛卡的屋顶是天空，支柱是石柱和山脉。山脉是远古生命的石化遗迹，而这些生命是创造世界的文化英雄。较小的柱子代表第一条巨蟒的后代，屋梁同时是太阳的通道、天空的河流（银河），将生者与宇宙边界隔开的渠道。地板就是土地，其下流着阴间之河，死亡与悲伤的溪流。

于是，天上的河流跨过天空，而阴间死亡之径则横越地下世界。太阳每天在空中由东至西行进，晚上再沿着阴间之河从西向东折返。阴间是死者的世界。巴拉萨那人将损坏的独木舟做成棺木，以此安葬长者，埋入马洛卡的地下。印第安人住在这个名副其实孕育其族裔的空间中，也日复一日从祖先的遗骸上走过。但亡灵终究无可避免会消逝。为了让亡灵尽快离开，印第安人把马洛卡建在河畔。他们相信所有河流都往东流，阴间之河也不例外，因此每间马洛卡必定沿着东西轴线建造，两端各有一扇门，分别供男女使用。所以马洛卡之所以临河而建，不止是贪图方便，更反映了他们的生死循环观。水不但令人想起造物最原始的作为、巨蟒和神话英雄的溪流之旅，也预示了必然会降临的腐朽与重生时刻。

如果说长屋包覆着部落，确保部落生生不息，也颂赞了部落的神话起源，那么，也会有一座普世的马洛卡守护着大地，而圣地则是稳固这座马洛卡的锚。巴拉萨那族和邻近族人的世界又平又圆，如同妇女做木薯面包用的土制烤盘。相隔遥远的丘陵围成一圈，撑起真实的天空（也就是宇宙马洛卡的屋顶），就像陶土块支撑着烤盘。四道圣门穿过丘陵。南北两道是"肋骨门"，将人类身体连向宇宙；西边的门是"折磨门"，是死者的终点，破坏势力也是顺着这条轴线入侵并污染这个世界；东边的"水门"则直通米尔克河口，此处正是土地与天空融合及太阳生成的发源地。对巴拉萨那人和马库那人来说，这些出入口都是真实地点，跟着马林旅行时，我们就从空中看到了这些地方。世界始于涌希瀑布，结束在阿帕波里斯河上的吉里吉里摩大瀑布。沿着塔拉伊拉的丘陵、沃佩斯河上的鲁帕里瀑布及卡奎塔河上的阿拉拉夸拉（Araracuara），还有越过嘎那马里族（Kanamari）的山崖峭壁，这些都是实际存在的始点，也是写在土地上的神话地理学。

在创世之初，也就是在四季出现之前，在母神罗咪库牧这个女巫师打开子宫前，在她的鲜血与乳汁形成河流、肋骨成为世界山脊之前，宇宙中只有一团混沌。名为欤（He）的幽灵和魔鬼猎食自己的亲人，不假思索地交配，不顾后果地乱伦，吞食自己的后代。于是，罗咪库牧用大火和洪水摧毁整个世界，接着就像母亲将烤炉上温热的木薯面包翻面一样，她将泛滥而焦黑的世界倒转过来，建造了平坦而空旷的大地，让生命能在此重生。身为女性巫师的她产下了一个新世界，有土地、水、森林和动物的世界。

同时间还有另一个创世的故事。有四位伟大的文化英雄阿雅瓦（Ayawa），即著名的元祖或称雷神，从东边溯米尔克河而上，穿过"水门"，把神圣乐器尤鲁帕里当犁一样放在面前推，推出了山谷和瀑布。他们的唾液生出河流，用力折断的木头碎片成为第一件祭器和乐器。当阿雅瓦跋涉到世界中央，乐器的音符带出山脉、高地，还有宇宙马洛卡的柱子和墙壁。阿雅瓦四处遇见贪婪的凶恶力量，贪得无厌的恶灵享受毁灭快感，妄想夺得世界。阿雅瓦以智取胜，将恶魔变成石头，为宇宙带回秩序，自然世界的精

华和能量因此得以释放，造福所有具有知觉的生物和各种
形态的生命。之后他从女巫师的阴道里偷走创意之火，与
她做爱，餍足后升上天空成为雷声和闪电。

　　女巫师发现自己怀了孕，便顺流而下，在东方水门生
下祖灵巨蟒。最后这条大蛇重走一遍阿雅瓦的惊骇之旅，
肉体与灵魂全回归河岸、瀑布和岩石，即巴拉萨那、马库
那及各个邻族的出生地。这些记忆里的自然和地理据点，
至今仍旧生气盎然，阿雅瓦就是在这些神圣的纽带中将生
命的原始能量释放给人类，而管理造物的永久责任，则已
交付给巨蟒之族。

　　因此，对此时居住在皮拉巴拉那森林的人而言，整个
自然世界充满着意义和宇宙观要旨。每块岩石和瀑布都蕴
藏着故事，植物和动物拥有相同的灵魂本质，却有着截然
不同的外在形体。

　　同时，每件事都不止是表面呈现的样貌。看得见的世
界只是知觉的一种层次。每种有形的形式、所有植物和动
物背后，有巫师能见而常人无法得见的阴暗时空。这是欸
之灵魂国度，里头还有化为神灵的祖先，岩石和河流都有
生命，植物和动物也是人类，巨蟒形成的太初之河流着精
力和鲜血。在大瀑布这座天然帷幕的后方，欸之灵魂构成
的巨大马洛卡群坐落在石阵中央，万物都极为美丽：闪闪
发光的羽毛、古柯叶，还有装有烟草粉的葫芦——即太阳的
颅骨和大脑。

　　巫师举办宗教仪式，前往欸之灵魂国度。跟西方颇受

欢迎的传说不同，巴拉萨那的巫师从不使用或处理药用植物，他的责任及神圣任务是进入欤的永恒国度，接受太初力量，而后恢复万物的能量。他就像现代的工程师，进到核子反应炉的最深处，更新整个宇宙的秩序。

对巴拉萨那人来说，这种更新工程是生者的基本义务。实际上这显示巴拉萨那人认为土地有无穷力量，而森林也是活的，里面存在灵体与祖先的能量。以土地为生，就得同时拥抱土地潜藏的创造力和毁灭性。人类、植物和动物共享相同的宇宙起源，所以在深层意义上也拥有相同的本质，顺应相同的定律，也承担同样的责任，并共同负起万物的集体福祉。自然跟文化无法截然分开。没有森林和河流，人类会灭亡；没有人类，自然世界就没有秩序或意义，万物会陷入混乱。

于是推动人类社会行为的规范，也界定了人类跟万物的互动，包括野生环境、动植物，还有自然世界的多样现象，如闪电打雷、太阳月亮、花朵的香气、死亡的酸腐味等。一切事物互有关联，融成一个整体。神话为土地与生命注入意义，也把攸关森林中生存必备的期望与行为都编成密码，将所有社群、每座马洛卡都系在深刻的土地精神上。

这种宇宙观有非常真切的生态价值，这展现在人类的生活方式上，也反映在人类对环境所造成的影响上。森林是男人的场域，庭院则由女人掌控，她们在那里生育小孩，也种植作物。女人培育了三十多种食用作物，也让二十多样野生果实和坚果丰硕生长。男人只栽植烟草和古柯叶，种在狭窄的小径上，蜿蜒穿过女人的地盘，看起来像草地上的巨蟒。对女人而言，收成及准备日常食用的木薯面包具有繁衍的意义，也是成年的表现。木薯泥充分冲洗后留下的淀粉液被视为女人的血，加热后便能安全食用，温热饮用则如同母乳。天然的木薯纤维类似男人的骨，要在烤盘上用火烧过，再以女人的双手塑形。透过木薯此一媒介可驯化野外的植物灵魂，造福一切。木薯如其他食物，也有相互矛盾的潜质：能够赋予生命，却也可能带来疾病与不幸。所以木薯必须借由长者的双手递送，并由巫师以灵力涤净、祈福后才能食用。

从这个角度来说，食物是一种力量，代表能量从一种生命形式转移到另一种。成长中的小孩只能在引导下慢慢认识新食物。严格的进食规定同时也标记出生命的重要阶段，包括男子成年、女人初经，还有人类很明显正与众之灵魂国度接触的过渡时刻。男性到森林渔猎的过程本身就有其意义。首先，巫师要进入催眠状态，跟动物之主交涉，与灵魂守护者达成神秘协定，这种交易总是以互惠为基础。巴拉萨那人将这种情况比拟为婚姻，因为狩猎也是一种求偶的形式，猎人在这个过程中寻求更具权威的赐福，让自己有荣幸将珍贵的动物带回家。肉食并不是猎人的权利，而是来自灵魂世界的礼物。未经许可猎杀，得冒着被灵魂守护者索命的风险。守护者会以美洲豹、巨蟒、貘或美洲角雕的面貌出现。人类在森林里永远既是猎人也是猎物。这些慎重而悠久的社会规范维持了相邻部族的和平与尊重，协助大家交换仪礼器物、食物和女人，也同样可以用在与自然界的相处上。动物也是人类潜在的亲属，正如同野外的河流和森林是人类社会的一部分。

如人类学家阿寒（Kaj Arhem）所撰，这些观念和规则在本质上其实就是由神话启发的土地管理计划。举例来说，巴拉萨那族和卡库纳族有四十五种动物可以狩猎，但他们经常猎捕的只有二十种；四十多种鱼类中，食用的可能只有二十五种。复杂的食物规则造就高度多样化的维生基础，主要集中在食物链的末端。貘虽然是珍品，但他们很少猎捕，而且总是留给长者食用。一般而言，尽管肉食可以凸显猎人的地位，但平日蛋白质的来源主要是鱼和昆虫。蚂蚁、幼虫、白蚁和木薯面包，就是基本的一餐，也是味美质佳的菜肴。萨满巫师的心中绘有一幅地景的全貌，因为神话事件牵连着河流的每个弯道与急流、溪流的每个交会处，还有一颗颗的石头。猎人会避开野生动物舔食盐分的盐渍地。祖先血液染过的有毒之处、灰鲹产卵栖息的海滩和支流河道，都禁止捕鱼。整个皮拉巴拉那地区是数百种鱼类的故乡，因宗教因素被视为禁区。巫师一方面受到宇宙论的启发，另一方面也有效地减缓人类对环境的冲击，而当初激发这些信念的神话事件仍流传于世，为我们带来一套人类和自然合而为一的生活哲学。

一场宗教仪式让这些全都活灵活现起来。我们离开皮拉巴拉那之前，参加了向"木薯女人"致敬的丰收仪式。这场活动持续了两天两夜，吸引数百名男女和家庭成员从河流的上下游来到位于奥尔特加（Puerto Ortega）的马洛卡。接待我们的是巴拉萨那的巫师莱诺。马洛卡的酋长是帕特里西欧（Patricio），他的妻子罗莎（Rosa）就是象征丰饶与生生不息的木薯女人。吟唱人和舞者、智慧守护者与酋长、巫师和祭司（kumu）等各阶层领导人各就其位。关于这些独特的宗教人物，休－琼斯以奇特的比喻来形容他们所扮演的角色：巫师就像外交部长，横向处理大自然的力量；祭司则沿着时间纵轴处理跟祖先有关的事宜。他的语言如同吟唱，非常仪式性、古老，无人能懂，除非曾被指点个中意义。他就是深奥宗教知识的圣典。他不会另辟蹊径或突发奇想，因为这么做就跟天主教神父篡改圣餐的语汇和祈祷文一样不妥。

从那些负责编织舞蹈羽毛冠冕的男人身上，更能看出此地对宗教有多虔敬。他们被隔离在马洛卡里数星期，不准吃鱼吃肉，也不准和妻子在一起。为了能做出耀眼的黄色羽饰，他们将活鹦鹉身上的羽毛拔下，然后在鹦鹉胸部涂上蛙毒和毒莓，让新长出的羽毛显露出太阳的颜色而非通常的深红色。这种冠冕并非装饰性的，它是通往神圣空间的通道，也是飞往圣洁的双翼。

当仪式展开，时间概念便告瓦解。白天、黎明、黄昏和午夜的开端将舞蹈分成两个系列。这些人戴上羽毛、代表纯正思想的黄色冠冕及雨丝般的白鹭鸶羽毛后，就成了祖先，就像河流是条巨蟒，高山是世界之屋柱一般。巫师能随意变身，前一刻是猎人，后一刻则成了猎物。他从鱼

变成动物再变成人，然后重来，变成各种形体，成为纯粹
的能量，漂流在现实的各个向度——过去现在、这里那里、
神话现世。在进行这趟巨蟒的先灵之旅时，每遇见一种地貌，
他的祷文便按地貌之名被呼唤。这些地名可以沿着亚马孙
河正确无误地追溯至一千六百公里以外的东方，也是伟大
文明一度兴盛之所在。

　　马林告诉我，白人用眼看，但巴拉萨那人则是用心看。
他们回到混沌初开的时刻，也进入未来，拜访每处圣地，
向各种生物致敬。当他们颂赞最深刻的文化开悟时，也领
悟到在真实的另一个向度里，动植物其实就是人类。这就
是巴拉萨那哲学的本质。不妨思索一下巴拉萨那哲学有何
意蕴、向我们诉说了怎样的文化、具有何等历史定位。这
种传统以知识为根基，而要取得这些知识，有赖时间累积、
勤奋不懈的神职研究和启蒙传授。智者才能获得身份地位，
而非骁勇善战之士。他们的马洛卡之宏伟，足以与人类最
伟大的建筑物一争高下。他们对于天文、太阳历、阶级组
织和专业分工的观念，自有一套复杂的解释。他们的宗教
盛装就是财富，优雅一如中世纪的宫廷服饰。他们繁复的
互惠体系促进了和平而非战争。他们努力治理宇宙万物，
维持生命源源不绝的能量。他们在信仰和适应上的独特性，
使得一种非常重要的可能性出现，那就是巴拉萨那民族是
一个昔日世界的幸存者——那是个让卡发耶和奥雷亚纳惊讶
不已的复杂社会与领导制度、一个失落的亚马孙文明。

　　数以百万计的人究竟是抱着怎样的信仰与信念生活

在这条全球流量最大河的岸边？从巴拉萨那人、马库那人及所有巨蟒之族的适应力和文化存续中，我们或许能窥知一二。巴拉萨那人真心信仰他们的宗教与丫嘎这种神奇的药水，所以当他们说他们能够穿越不同时空、踏上阿雅瓦的史诗之旅、远赴传说中的圣地、完成所有伟大的壮举时，他们是发自肺腑的。今日巴拉萨那人及其邻人的生活不仅响应了西方文明入侵前的古老过去，也为我们指引了向前的新的道路。人类能在亚马孙流域繁衍茁壮，却不剥削污染森林，这绝非空话，因为巴拉萨那人真的做到了。

第 4 章　神圣地理学

SACRED GEOGRAPHY

直觉之心是神圣的天赋，
理性之心则像忠诚的仆人。
我们建立了一个荣耀仆人却遗忘了天赋的社会。

——爱因斯坦（Albert Einstein）

以科学为名的破坏

在英属哥伦比亚北部偏远崎岖的山脉间，有座极度美丽的山谷，北美原住民称之为"神圣水源地"（Sacred Headwaters）。那是斯帕齐济荒野公园（Spatsizi Wilderness）的南缘，加拿大的塞伦盖蒂国家公园①。这里孕育出加拿大三条最重要的鲑鱼河流：咫尺相隔的斯蒂金河、斯基纳河和纳斯河。花上一整天或两天，就有机会跟着北美灰熊、北美驯鹿和野狼的足迹穿越开阔的草原，也可在这三条河流的发源地饮用泉水。这三条河激荡出大量西北太平洋文化，像是吉特克桑族（Gitxsan）、威特苏威登族（Wet'suwet'en）、卡列尔族（Carrier）、塞卡尼族（Sekani）、钦西安族（Tsimshian）、尼斯加族（Nisga'a）、塔尔坦族（Tahltan）、海斯拉族（Haisla）、特领吉族（Tlingit）。再往上走三天，你就会到达加拿大最大河麦肯锡河的水源，也就是芬利河的源头。

---

① 塞伦盖蒂（Serengeti）是坦桑尼亚西北部至肯尼亚西南部的广大地区，有许多大型哺乳类动物和特有鸟类，其大型动物每半年有一次大迁徙景观，颇负盛名。——译注

就我所知，另一个地理如此壮观的地方是西藏。在那里，冈仁波齐峰的山脚下涌出亚洲三大河：印度河、恒河和雅鲁藏布江，为下游十亿多人口带来生机。印度教徒、佛教徒和耆那教徒将冈仁波齐峰视为神山，禁止凡人走上山坡，更遑论爬上山顶。任何破坏山壁的工业开发，对亚洲民族都是难以想象的亵渎，而任何胆敢如此提议的人，都会面临最严酷的制裁，包括现世及来生。

在加拿大，我们对待土地的方式却相当不同。英属哥伦比亚政府不顾所有加拿大原住民的希望，为了开发工业径自开放神圣水源地。这些可不是无关痛痒的开发案。帝国金属公司提出的铜矿与金矿露天开采计划，每天要加工处理三万吨矿砂，全来自驼大金山（Todagin Mountain）山边。这座山养育的白大角羊数量居全球之冠。处理废矿的池子一旦完工，将会直接榨干斯蒂金河主要支流艾斯库河源头的湖群。矿坑将开采二十五年，其间将会制造出一亿八千三百万吨的有毒废矿，还有三亿七百万吨的废岩块，以及未来两百多年不断排出酸水的下场。加拿大福成矿业和西鹰发展这两家采矿公司则将撕裂水源地河谷，以规模相差无几的露天开采无烟煤作业夷平整座山头。

最大的开发案由荷兰皇家壳牌集团提出，他们想要在这片四千多平方公里的无烟煤沉积层上开采煤层甲烷。此开发案一旦进行，将会在这整片神圣水源地流域上铺设一张大网络，以道路和输送管线串起数千口井。根据各种研究，取得煤层甲烷的过程会造成极高破坏：为了让无烟煤释放出沼气（甲烷），技术人员必须以高压注入大量化学药剂，使矿层断裂，一次的剂量就超过一百万公升。这会让沉积层排放出大量剧毒水。登记使用的化学制品有九百多种，其中很多都是强力致癌物，但基于专利权之故，这些公司无须揭露他们在任何地方使用的药剂。

撇开环境问题不谈，想想看这些开发案对我们的文化意味着什么。那些从未住在这片土地、跟这个国家毫无历史渊源或关系的人，却拥有合法的权利登堂入室，然后依据他们的企业天性，在文化和地景彻底遭亵渎破坏之后翩然离开，而我们却习以为常？尤有甚者，我们在开放采矿特许权时，常在第一时间就以微不足道的金额把权利卖给远方城市的投机客，而那几间公司凑起来的历史，可能都还没有我的狗老。这显示我们根本不认为土地本身有任何文化或市场价值。在推动荒野工业化时，我们的经济核算竟压根不曾考虑摧毁大自然资产所付出的代价，或保持大自然完好的固有价值。没有一间公司必须为自己对公地、对森林、对高山和河流的所作所为赔偿大众，然而这些东西理应属于全体大众共有。但这些企业只要能够提供收益和就业，就能继续为所欲为，几乎如入无人之境。我们对这种情况不以为意，因为这就是我们社会体系的基础。在资源导向的经济中，商业活动就是如此获取价值和利润的。但如果你再想一想，尤其是从其他文化的观点来看，就会发现我们的做法显得非常怪异，而且极为反常。

在这一章中，我特别想要省思我们的这种态度。我们的做法使我们的星球变成了商品、可随意消费的原物料。为了能够传达这种省思，我会满怀希望地指出，在人类学的观点中，我们事实上还有很多选择，有各类方法找出自己在世界与大地间该何去何从。世界各地的人用各种方法让自己在这个地理和生态空间中安身立命，这就正如同贝利神父（Father Thomas Berry）笔下的优美形容：所有的无限与不可思议、天真与世俗、神圣与卑下，无不呈现了地球上独一无二的梦想。

从文艺复兴到启蒙运动，活在欧洲传统中的西方人为了追求个人自由，将人类心灵从绝对信仰的牢笼中解放出来，甚至也让个人脱离了集体，在社会学里这就有如核分裂。然而为了达到此目的，我们也舍弃了直觉，抛弃了神话、巫术、神秘主义，以及可能最重要的——隐喻。17 世纪，笛卡儿揭示了宇宙仅由"大脑和机器"组成。他以这么一句话，将人类以外的所有具感知的生物都去生命化，连地球本身也不例外。如贝娄①所写的："科学对信仰进行大扫除。"凡是无法明确被观察或测量的现象，都不存在。到了 19 世纪，实证主义传统甚至为社会研究下了一个定义，甚而创造出"社会科学"这种史上最矛盾的词汇。这种世俗唯物主义的胜利演变成现代的自负。土地有灵、飞翔的老鹰或许有意义、精神信仰的确能够获得共鸣，凡此种种皆受到嘲弄、贬斥。

---

① 贝娄（Saul Bellow，1915—2005），1976 年诺贝尔文学奖得主。——译注

　　理性之心主宰我们的社会长达数世纪，而科学就是这种理性之心的最高表现。然而，科学即便穷尽所能，也只能回答"**如何**"，从来无法进一步回答终极提问："**为何**"。科学模型与生俱来的局限引发了生存困境，这为时已久，而我们也并不陌生。我们从小就被教导只能用一种方式去了解宇宙，即宇宙只是原子微粒在太空中急速旋转和相互作用的随机活动。更值得注意的是，我们将世界简化成机械装置，而大自然充其量不过是有待克服的障碍、能榨取利用的资源。这种思维决定了我们的文化传统，让我们以盲目的态度跟这个有生命的星球互动。

　　我从小在英属哥伦比亚海岸长大，一直认为雨林就是为了砍伐而存在。我在学校读书、在森林里当实习伐木工时，林业科学的思考核心便是如此。所谓轮作周期（即全省森林的砍伐速率，也是"永续收获林业"的基础），是奠基于一种假设：所有原生树林都应该砍伐，然后改建为林场。林业的学科语言虚伪不实，可以说是意在误导。所谓"每年容许采伐量"，竟然不是绝对不能超出的限制，而是必须达到的额度。而所谓"递减效应"（Falldown Effect），指的是消耗原生树林时，木材生产量依计划逐次下降，但这个词竟然被包装成自然现象。现代林业于 20 世纪 40 年代开始推行，从此允许森林每年大量超伐，令人咋舌，每个在伐木营地里的人也都承认这件事。"多用途林业"原应指森林要以多样性目标来管理，结果竟然是全面伐林。尽管原生林并非人为种植，却被当成作物收成，也没人期望树会再长回来。从生态学的各种定义来看，原始森林都处于最为丰富、生态最为多样的阶段，结果竟然被形容成"衰败"及"过熟"。这些稀少而重要的雨林就如同神圣水源地的山林和草原，都具有内在价值，但在计划制订过程的衡量计算中，却毫无立足之地。

这种文化观点与加拿大原住民可以说是大相径庭。原住民在欧洲探险时代就已住在温哥华岛上，至今依旧。同为青年时期，我被派去砍伐森林，而夸夸嘉夸族①青年则按传统在哈马撒（Hamatsa）成人礼中被送入同样的森林，并在森林与胡克斯胡克鸟②及天堂弯喙族（住在世界北端的食人鬼）战斗，目标是在冬季赠礼节③凯旋。他在精神上的自我要求及坚忍刚毅的性格，能让所有族人在大自然的能量中重获新生。重点不在询问或指出孰对孰错，难道森林不过是纤维素和木材的专业计量单位？森林真是灵魂的国度？高山真是圣地？河水真的是顺着巨蟒的古老路径流动？谁说了算？说到底，这些都不重要。

真正重要的是信仰的力量。信仰是一个民族在日常生活中实践信念的方式。从非常实际的角度观之，信仰决定了文化的生态足迹，关系到社会对环境的冲击。一个小孩在养成时相信山是灵魂的庇护所，长大后就不会把山当成一大堆了无生气、有待开采的石块。夸夸嘉夸族男孩被教

①夸夸嘉夸族（Kwakwaka'wakw），北温哥华岛的原住民，历史悠久。——译注
②胡克斯胡克鸟（Huxwhukw），一种神话中会食人脑的兽鸟。——译注
③冬季赠礼节（potlatch），北美洲的印第安人在冬天举办的盛宴，借由送礼来彰显主人的财富地位。——译注

导海岸林是神的国度，要崇敬以对，因此他不会像加拿大小孩那样相信森林注定要被砍伐。要完整衡量一种文化，必须审度该民族的举动，以及他们的渴望具有什么特质，即推动他们向前迈进的隐喻究竟有何本质。

很有可能，这里面就藏着许多原住民族与自然界相处的精髓。新几内亚瘴疠沼泽地的生活、西藏严峻的寒风、撒哈拉沙漠的炙热，让人很难多愁善感。我们不会把因纽特人跟怀旧联想在一块。婆罗洲的游牧猎人和采集者根本不具破坏山林的技术与能力，也就不会有管理山林的想法。尽管如此，这些文化已经历经了时间与宗教仪式的淬炼，建立与地球的某种关系。这种关系不仅来自跟土地的深厚联结，更来自敏锐的直觉，即透过人类意识将土地视为生命体的概念。山川森林并非无生命的物品，也非人类剧场里展示用的舞台道具。对这些社会而言，土地是活的，是人类以想象力转化而得的动态力量。南美洲安第斯山脉的山脊，还有圣玛尔塔内华达山脉的顶峰（从哥伦比亚加勒比海岸平原向上飞拔六千米的孤绝山峦），最能清楚阐释人类跟土地的依属与联结，而澳洲原住民的精微哲学，则以抽象而隐晦的方式表现。我在本章想要探索的，便是这些地方。

令人疯狂的古柯叶

我首次南下游历安第斯山脉是在 1974 年春天。当时我还是学生，有幸加入植物探险队，任务是解开印加民族称为"不老神叶"的植物之谜。此种叶子即古柯叶，也就是声名狼藉的可卡因原料。这可是不同凡响的工作，可卡因是在 1855 年首次从叶子中提炼出来，自此彻底改变现代医学，尤其是眼科，因为这能无痛去除白内障。可卡因一直是最有效的局部麻醉剂，古柯叶的香精更造就了世界上备受欢迎的饮料风味：古柯叶让可口可乐"真的可乐"①。今日专业医学人士使用的合法可卡因，全由这家软性饮料公司提供。

　　20 世纪 70 年代中期，拉丁美洲的走私贩毒集团开始勃兴，虽然没人知道究竟是怎么回事，也没人意识到这种行为会变得多不堪而残忍无道。这些于法不容的交易至今仍控制在自由浪人的手中。半世纪以来，传统栽植地不断遭铲除，但这些整肃跟可卡因没有任何关系，而是牵涉某些民族的文化认同，那些对植物满怀崇敬的民族。利马的医生，特别是关注安第斯山脉原住民的医生，其实对印第安人的生活一无所知。他们在 20 世纪 20 年代随意往内华达山脉浏览一番，看到了赤贫、简陋的卫生设施，营养不良，以及高文盲率、高婴儿死亡率和高患病率，便寻求一个解释，认为土地分配、经济剥削、劳役偿债制冲击了印第安人阶层结构的基础，于是他们认定古柯是万恶之源，把所有想得到的社会弊端或病态都归罪于这种植物。铲除所有传统田地因此成了国家的当务之急，然后 40 年代末在联合国介

---

① 此为可口可乐公司 1969 年打出的广告标语：It's the Real Thing！——译注

入下，更成为国际政策。

值得注意的是，尽管 1974 年各方对古柯既关注又疯狂，其实当时科学对这种植物所知甚少。诸如驯化品种的来源、叶子的化学成分、古柯叶咀嚼的药理学、植物的营养作用、培植品种的地理分布、野生和育种的关系，这些全都是谜。当然，人们普遍同意古柯叶在安第斯山脉享有最崇高的地位。在印加帝国时期，祈求者的嘴里若没有古柯叶，便不能接近任何神庙。由于帝国首都库斯科的海拔太高，无法种植古柯，印加帝国就用金和银来仿制古柯，放在祭坛上为景观增色。时至今日，这座高地上的每项重要活动都会让古柯叶与帕查玛玛（阴性的大地本体）进行能量互换。若无此一神圣植物的调和，田地就不能播种收割，小孩无法诞生于世，而老人也不知如何进入亡者国度。

我们团队对美国政府的某些作为感到震惊，于是在 1975 年对古柯进行了首宗营养研究，结果相当惊人。古柯只有少量植物碱，净含量大约在 0.5% 到 1% 左右，这样的浓度有利于口腔黏膜吸收。但古柯也含有分量可观的维生素，钙含量更多过美国农业部研究过的所有植物，因此饮食传统若缺乏乳制品，古柯便成了理想食物。据指出，古柯的叶子也会制造酵素，能强化身体在高海拔时消化碳水化合物的能力，对以马铃薯为主食的安第斯山原住民而言相当理想。这个科学发现凸显了我们不遗余力地铲除传统田地一事有多荒谬。古柯并非毒品，而是神圣的食物，被安第斯山民族拿来当温和兴奋剂使用已有四千多年，没有任何证据显示他们曾因此中毒，遑论上瘾。

我以古柯为透镜，当代泛安第斯山脉世界的丰富性便逐渐清晰了起来。西班牙人于 16 世纪抵达秘鲁，引发了浩劫，然而在这场残酷的相遇里，有个重要的文化混合体诞生了，直到今天都还从基督教及前哥伦布时期的古老信仰中获得源源能量。征服者用尽一切权力去破坏安第斯的精神，摧毁所有宗教寺庙和神像。但西班牙人一次次在倒地的神庙上竖立十字架或教堂，只能让印第安人一次次地肯定这个地点固有的神圣性，因为他们崇拜的并不是建筑，而是土地本身，是河流和瀑布、裸岩和山巅、彩虹和星辰。五百年来的欧洲统治用尽不公不义的手段，却无法平息安第斯灵魂深处的搏动。在每个小村庄和峡谷里，在羊驼和瘦驼嚼着草的普纳高原荒草丛中，在失落已久的帝国中，每个城市和十字路口的那些石板路上，都可感受到这样的搏动。

今日在哥伦比亚南部和玻利维亚之间有六百万人以盖楚瓦语为母语，这是印加帝国的语言。这群人大多是农民，而他们献给全世界的礼物包括马铃薯、西红柿、烟草、玉米、奎宁和古柯。对他们而言，土地确实是有生命的。山峦是神秘的生物，能够汇集雨水、创造天气、丰润土壤、肥沃田地；在盛怒时也会带来毁灭，降下致命的暴风雨或严寒，在须臾间毁去全年收成。1983 年便是如此，一场冰雹在十五分钟内夷平大库斯科一带所有的玉米作物。

南安第斯山脉的所有部落至今仍为山神阿布（Apu）

所统治，他保护子民，也决定了子民的命运。时至今日，人们依旧相信脚下的一景一物都是神圣的。传统农业经济始终以劳力交换为基础，同样的互惠概念也确立了部落和土地的关系。这样的义务与关系从未言明，却也从未遭人遗忘。只要把大地之母与众阿布放在心中崇敬，他们便会继续泽被族人。

男女在小径上相遇时，会停下来交换十字古柯叶，也就是三片完好的叶子排成的十字架，然后转身面向最近的阿布，将叶子拿近嘴边轻吹，这是一种仪式性的祈祷，将植物精华送回大地、部落、圣地以及祖先的灵魂里。交换叶子是种社交行为，用以确认人际联结，而吹气的动作却是灵性互惠之举，他们借此无私地奉献大地，以确保古柯叶的能量能及时回归完整循环，一如雨水落地后势必会重生成一片云。这个动作本身就是一种祈祷，其精妙之处会在一年一度盛大的部落敬献仪式中进一步彰扬。

我对安第斯民族的认识，很大部分来自钦切罗（Chinchero）这个库斯科郊外令人赞叹的美丽河谷。城市的中心就位于印加帝国第二任统治者尤潘基的残破夏宫上，精致的台阶迤逦向下，直至翠绿的平原。这片大地是古代的海床，隆起的北方绵延至比尔卡班巴的遥远山巅，那里是帝国最后的堡垒。在东边，高低起伏的安塔基卡①之坡主宰了天际线，一座殖民教堂栖息在残垣之巅。1981 年，我

①安塔基卡（Antakillqa）意即"圣洁山神"。——编注

成为一个可爱男婴阿曼多的教父，与他的家人建立了至今不渝的情谊。

　　钦切罗会在每年雨季的高峰举办重要活动：年度绕境赛跑（the mujonomiento）。每个小村庄跑得最快的男孩会在当天变装成维拉卡（waylaka），这是项荣耀。他们要穿着姊妹或母亲的衣服，举着白色的仪式旗帜，带领所有身强体壮的男性一起跑。距离只有三十公里，但路线跨越两座高耸山脊。起跑点在三千五百米高的村落广场，之后陡降三百米，穿过遗址到安塔基卡底部，再上升约九百米到山巅上，然后往下进入另一端山谷，最后还得再爬一段，才能抵达分水岭的草原，然后走上一段漫长步道回家。这是竞赛，却也是朝圣之行。所有边境都用土冢标记出来，视为圣地。在这里要念诵祷文，把古柯叶献给土地，把祭酒献给风，然后维拉卡跳起舞来，在强烈的节奏下不断快速转圈，扬起遗留在遥远村庄的阴性精华与女人能量，带上神圣之巅。这些跑者利用每个仪式动作来宣示对土地的主权。这是重要的隐喻。在那一天，一个原本是单独个体的人，在经历精疲力竭和祭献（sacrifice，该字源于拉丁文"使神圣"）的过程后，开始与该部落的脉动合而为一，而部落也透过仪式祭典来宣示其归属，确保自己在神圣地理学占有一席之地。

　　朝圣一直都是安第斯山脉族人生活的核心特色。为了祭拜，印加的祭司会爬上六千五百米高的山峰，这样的海拔是欧洲过去四百年的传统所无法企及的。大征服之后，这类朝圣之行依然持续不辍，虽然因融合了基督教而有新的火花与形式，但依旧深植在大地及神秘力量的古老信念中。钦切罗"绕境赛跑"这类地方庆典有许多主题元素也同样出现在泛安第斯民族的朝圣之旅中，这类朝圣即便到了今天依然吸引了南安第斯山脉各部落的数万名民众参加。

跟着维拉卡进行第一次绕境赛跑约一年后，我跟好友还有一群来自钦切罗的同好前往西纳卡拉的神圣山谷旅游，那里是星雪祭（Qoyllur Rit'i）的所在地。这大概是最艰难、最启发灵性的安第斯朝圣之旅，位于库斯科东方一百三十公里外，到登山口的路程约六小时，目的地是海拔四千七百五十米左右的翠绿盆地。该地仿佛高耸的天然露天圆形剧场，最大的特色是如祭坛般推向谷地的三条冰河。天主教信仰相信西纳卡拉在 18 世纪晚期曾出现神迹。当时有个小男孩看见光影夺目的耶稣亡灵，于是有人在当地建了一座圣殿，而主的形象在岩石中依旧可见。

对印加帝国而言，这块岩石原本就很神圣，一如整座山谷。对他们来说，事物是流动的。尸骸并非死亡，而是生命的结晶，也因此存有丰沛的能源，一如被闪电击中而充满能量的石块，或是因阳光而生气蓬勃的植物。水就是水蒸气，但最纯粹的形式是冰，也就是山侧的雪原之形，或是朝圣之行最高且最神圣的目的地——冰河。山被称作父亲（Tayakuna），其中有些气势傲人，光看都觉得危险。其他圣地，诸如山洞或山隘口，或是滔滔流水仿佛宣示神谕的瀑布，全被誉为提拉库纳（Tirakuna）。以上地标并没有神灵居住，当地人所崇敬的，其实正是这些地方本身。河流是大地的露天血脉，与天上的银河相互对应。彩虹是从神圣之泉浮出的双头蛇，在空中弯成拱形，然后钻入地底。流星则是一道道银光，后方是所有的天空，包括一片片漆黑的宇宙尘埃，也就是所谓的暗云星座[1]，对高地居民来说，这种星座跟天空里组成动物形状的星座同等重要。

印加人认定库斯科是世界之脐，太阳神殿则是轴心，从这里向地平线辐射出四十一条线，其方位则由星辰、星座、太阳和月亮的起落来决定。沿着这些名为赛克（ceques）的线条有数百个圣地，每一处都有自己的庆典日，为某个特定部落所敬拜与守护。如此一来，尽管每个人、每一宗族都扎根于某地，也都能与帝国的宇宙网络相连。在西班牙人镇压印加帝国最后一次大规模反抗的最后两年，西纳卡拉的圣石上神奇地出现了耶稣像。这类名为华卡的圣物不论是现实上或抽象意义上，都是通往圣道的驿站。在某些意义重大的时刻，例如夏至或印加帝国消亡之际，祭司会举行献祭。受太阳神赐福的孩童和动物会被选为祭品，从帝国各方被召至库斯科。有一些在首都被杀掉，有些则将献祭的部分鲜血带回部落，然后在一定时机也同样会被杀掉。随行者经由道路抵达库斯科，但回程则循着赛克的神圣路径直线向前，越过高山，跨过河流，有时要走上数百公里去造访当地神庙，向圆满的命运表达敬意。这种游历就如同那些牺牲的小孩，再次

----

[1] 暗云星座（negative constellation），银河中心的暗斑投影在地面上所形成的阴影，印加文明用这种阴影来判断四季的变化。——译注

强化人民跟印加帝国的紧密关系，也象征着帝国成功将安第斯山脉的慑人风景纳入版图。

　　库斯科正东方的西纳卡拉山谷充满超自然的力量。山谷开口朝西对着阿桑盖特山（Ausangate），即帝国最重要的阿布，因为他在宇宙时空里经由赛克跟库斯科形成一条直线，该线也标记了帝国四块国土中两块国土的边界（印加帝国在印第安语中又称为 Tawantinsuyu，"四州之国"）：东南方是 Collasuyo，环抱玻利维亚高原、的的喀喀湖及太阳神帝国的所有山峦；东北方是 Antisuyo，有许多云雾森林和热带低地，但印加帝国并未完全征服这片国土。也因此，当朝圣者从四面八方前来这座山谷敬拜星雪祭之神时，印加人世界观和思想里的二元对立，像是高与低、山脉与森林、文明与野蛮等，便会淋漓展现在仪式当中。

　　一年中大多数时候，西纳卡拉山谷和圣殿就这么静静地独自伫立，只偶尔有牧羊人造访。但在耶稣升天日和基督圣体节这两个不固定的节庆日期之间，有七仙女之称的昴宿星团会再次出现于夜空中，通常是在六月初。在那三天中，会有四万名朝圣者聚集在山脚下，有人徒步，有人以骡代步，有些则是搭开放式的卡车或巴士。狭长的朝圣队伍从道路尽头的小村庄开始，顺着步道缓慢向上爬行九公里。这条路即所谓的苦路[1]，沿路的石制祭坛和圆锥形石堆会有人停下来祈祷祭拜。每人都拿着一包小石子象征罪

―――――

① 苦路（ stations of the cross ），这是天主教仿效耶稣被钉上十字架的宗教活动。――译注

恶的包袱，越往山谷走，就卸下越多石子。阿桑盖特山巅
盘旋在西方的天际线上，南安第斯山的所有部族都派了代
表：保卡坦博地区的森林舞者，还有普诺地区、的的喀喀、
安塔（Anta）和库斯科平原，以及乌鲁邦巴河的神圣之谷
等各路人马。骡子和驴子驮着食物和补给，所有人都徒步
上山，甚至行动不便者也都拖着身体一小步一小步地前进。

　　在四千七百五十米处，即便艳阳高照，空气依旧冷冽，
但几个小时后西纳卡拉便会因为挤入许多信徒而暖和起来。
气氛欢愉而深刻，是集色彩、祈祷、舞蹈和歌曲于一体的
壮丽场面。仪典的旗帜装点了整片山坡，随风摇曳。部落
各自沿着山谷地划分地盘，色彩缤纷的毛毯和披风连成一
片，在滋养众人的小溪两侧铺开。丛林战士（chunchus）
头戴鹦鹉羽毛及头巾，身穿用胭脂虫染成深红的束腰外衣。
来自各高地部落的蒙面男性乌库库（ukukus）是群山的化
身，上百位魔法术士装扮成熊，负责维持秩序、控制群众
并执行各种仪式中最重要的工作。这些群山与丛林的化身
在模拟斗争中相遇。观众用这些固定剧目去回想远古战役，
真实发生的和想象中的，以及安第斯山脉本身两极对立的
恒久张力。当男性在跳舞作势之际，女性则聚集在圣殿内，
里头有上千支蜡烛散发光芒，其中有许多就像高个子小孩
那么高。暮色低垂，烟雾笼罩草地，铜管乐队、长笛、竖琴、
鼓声，还有舞者高亢的假音及烟火的爆炸声，刺耳声响不断。
整整三天三夜大家彻夜未眠，舞者的跳动与仪式队伍缓慢
的鼓动气氛让地面震动了起来。

在欢愉和祈祷背后，这个仪式其实有极为严肃的目的。山神既可暴怒，亦能柔情；冰跟雪可以是力量之源，却也可能是瘴疠之气。另外，尽管每年确实都有朝圣者死于酷寒及餐风宿露，但冰河之所以骇人，并不是因为任何有形的危险，而是因为有永世受诅的"恶灵"（condenados）栖居。根据印加神话，乌库库是女人和熊的后代，为一种超自然生物，被赋予独特的力量来对抗并击败恶灵。他戴上面具，发出尖锐的吼叫，展开星雪祭节日中最危险却肃穆的行动。乌库库必须背上十字架，如同耶稣基督。当朝圣行列带着圣徒雕像穿过山谷之际，这些乌库库展开月光守夜祈祷，然后扛着十字架，从村里的教堂往寇科本库山腹爬八百米，将十字架插入冰河中，以储存吸收高山和土地的能量。接着，在第三天破晓前，他们爬回冰雪中，取回那些用鞭绳捆住的十字架。此时，在远远的下方，数千名朝圣者正安静地跪拜祈祷，所有目光望向山巅，向山神致敬。

在西方，晨光首先射上阿桑盖特山，然后缓慢向下移至山腹，逐渐照亮整座山谷。太阳一出来，乌库库便扛起十字架往下走，穿越西纳卡拉谷，循道出谷后送进卡车，回到各自的村庄。男性也从山上搬运一块块冰，至此信仰的循环便算完成了：人们爬到山上高处祈拜、向神致敬，然后山的精华以冰的形态回到谷中，让大地生气勃勃，让家庭安康，让动物活泼健壮。这是人类、群山和众神间生气勃发的关系，是代表信任与复始的互惠三角，一场为保存整个泛安第斯文化所展开的集体祈祷。

星雪祭所拥有的生命力与权威性、仪式里寓意十足的共鸣与意蕴，以及这个节日传给年轻一代的课题，都令人看到充满希望的未来，也让人对历史及印加帝国遗产有更深刻的理解。

我从西纳卡拉返回库斯科城后，跟着另一位朋友，也是我小女儿的教父莱恩哈德（Johan Reinhard）展开另一场旅行，目的地是神圣山谷下方的马丘比丘。莱恩哈德是登山家暨高海拔考古学家，为了找寻前哥伦布时代的葬礼和祭品证据，已经爬过两百多座五千米或更高的安第斯山峰。1995年，他写下了历史：在安帕托火山顶峰附近一个大多数人几乎无法呼吸的海拔高度上，他发现了保存完好的木乃伊"冰少女"（Ice Maiden），一名五百年前被献给神的年轻少女。在我认识的人当中，就数莱恩哈德最了解安第斯山脉一带土地与文化的关系。他每到达一处新遗迹，双眼会立刻看向天际线及神圣的连绵山峰，追寻地理上的蛛丝马迹，诸如群山众河的方向、天体的运行，也从当下景观中看出明日的考古样貌，并因此解开了南美洲最传奇的考古遗址之谜。

宾汉姆（Hiram Bingham）于1911年发现了马丘比丘，将之形容为"失落的城市"。事实上，这个建筑群一直都是印加帝国不可或缺的一部分，通往库斯科的道路系统清晰可辨，绵延四万公里。马丘比丘地处乌鲁邦巴河上游的战略高地，位置绝佳，既能戍守通往神圣之谷的道路，也掌控了东边的低地、古柯叶产地、药用植物及萨满的神灵感应。马丘比丘无疑是宗教中心，也是帕查库特克[1]的皇家庄园。此人是印加帝国三位伟大统治者的第一位，打造了一个持续近一个世纪的帝国。通过运河和水道的研究，莱恩哈德几乎可以确认马丘比丘是由一套建筑计划打造而成。这套计划构思自印加的宇宙观，并扎根于古老安第斯山脉的神圣地理学。设计该建筑群的人爬遍周遭每座山峰，打造了一座很高的瞭望平台，以日夜观察群山的方位及星宿的运行。这些工程并不简单。众山神影响了印加生活的各个层面，从土壤肥沃度、降雨预测，到整军经武，甚而包括太阳王兄妹的幸福乃至生育能力。

印加帝国最神圣的两座山，一座是我们方才提过的阿桑盖特山，另一座则是马丘比丘正南方的萨尔坎泰山（Salcantay）。马丘比丘真正的阿布是华纳比丘，一座可俯瞰该地的圆锥形地标山峰。马丘比丘的神圣中心是拴日石（Intihuatana），一颗古怪的刻石，宾汉姆称之为"太阳之柱"。莱恩哈德率先注意到拴日石呼应了华纳比丘的形状，石头上全天的光线变化也仿制自华纳比丘上阴影的消长。拴日石南边几步外有一座石头刻成的矮祭坛。而华纳比丘顶则是两座外形相似的祭坛。根据莱恩哈德的观察，从山峰的南北向画一条轴，刚好会将拴日石和两座祭坛一分为二，然后这条轴继续往南穿越整个区域的主峰萨尔坎

---

[1] 帕查库特克（Pachacuti），此印加帝国君主在位期间约在 1438 年至 1471 年。——译注

泰山的中心。所以华纳比丘、拴日石和萨尔坎泰山刚好形成一条完美的南北向直线，当南十字星升到天空中最高点时，就刚好位于萨尔坎泰山峰上。银河里的南十字星是印加的重要星宿，这件事让莱恩哈德注意到乌鲁邦巴河，因为这条河对印加人来说正是地面上的银河，像巨蟒一样盘踞在马丘比丘上，向下流入亚马孙河。在神话中，此河是条通道，造物之神（Viracocha）在开天辟地时便是走在这条路上创造了宇宙。

但乌鲁邦巴河诞生于何处？答案是阿桑盖特山的山腹，在此可以鸟瞰今日的星雪祭。萨尔坎泰山的融雪为马丘比丘带来生机，而俯视着西纳卡拉的冰河也以冰雪让安第斯山的人民得到神启。西班牙大征服之后的五百年，这些古老的神圣地理学信念仍旧决定、滋养了社会，也将生者与逝者、过去与未来联结起来，一切都与印加时期无异。

天地间的永恒法则

南安第斯山脉虽历经了五个世纪的基督教严酷支配和统治，我们还是有机会在当地的仪式中察觉、提炼出这种原始感知。南美洲有某个地方就保有非常直接而纯粹的前哥伦布时代之声，那是一个未受外界染指、转动缓慢的世界。在这块染血的大陆上，哥伦比亚圣玛尔塔内华达山脉的印第安人从未被西班牙人消灭。这支古老文明的后裔名为泰荣纳文明（Tairona），今日的数量大约是三万人，包括高基族（Kogi）、阿尔瓦科族（Arhuacos）和韦瓦族（Wiwa）。
他们在很久以前逃过死亡与瘟疫，并移居到哥伦比亚的一
处山林天堂，海拔比加勒比海沿海平原高上六千米。过去
五百年以来，他们在这块土地上得到启示，证实了天地间
确实有一套永恒法则，能够平衡繁复的人类心灵及大自然
的一切能量。这三个民族虽然有语言隔阂，却因神话和共
同记忆而紧密相连，他们共享相同的适应之道及同样的基
本宗教信念，至今仍相当虔诚地遵循古老法则，也就是创
世父神瑟兰库亚（Serankua）及大地之母（Great Mother）
的道德、生态和精神诫命。此外，玛莫祭司（Mamos）也
依旧是他们的精神导师。他们相信也清楚宣告他们是世界
的守护者，并以仪典维系生命的平衡与丰富。这些人永远
记得，他们共同的祖先泰荣纳于 1591 年对入侵者发动了猛
烈却徒劳的战争。这段失落了三百年的历史，让他们在这
片湮没了三百年的山间要塞做了个决定：将文明转型成信
奉和平的文化。

　　玛莫祭司一开口，我们立刻可以看出他们的参照点并
不是我们这个世界，他们提到哥伦布就仿佛他才刚刚抵达
这块大陆。他们也会提到大地之母，似乎她依旧有血有肉。
其实对他们而言，她真的活着，无时无刻不在 aluna 这个
概念中发出洪亮回响。aluna 指的是水、土、物质、繁衍之
灵、生命力。何者重要？何者具有终极价值？何者赋予生
命目的？以上种种既无法测量，也不能眼见为凭，却确实
存在于 aluna 的国度中，是一种抽象层面的意义。九层宇宙、

九重神殿、婴儿在母亲子宫里待了九个月，这些都是神圣的造物，而且彼此声息相通。一株藤蔓也是一条蛇，群山就是宇宙的雏型。阿尔瓦科族男人所戴的圆锥形帽子代表圣峰上的雪原，一个人身上的毛发则与覆盖山腹的森林树丛遥相呼应。自然中的每个元素都被赋予更高层次的意义，即便最不起眼的生物也可以是师长，从最细微的沙中也可以看到世界。

在这个宇宙体系中，人是核心。因为大地之母唯有透过人心和想象方能成形显现。对于南美内华达山脉的印第安人而言，人并非生命的问题，而是生命的解答。他们自称"老大哥"，并将山脉视为"世界之心"。我们这些外来者对神圣法则一无所知，却威胁到这块土地，因此被斥为"小老弟"。

从很多方面来说，高基族、阿尔瓦科族和韦瓦族的家园的确像是世界缩影，也因此象征了世界之心。圣玛尔塔内华达山脉是陆地上最高的海岸山脉，在地质上并未与安第斯山脉相连接，仿佛自成一个构造板块独自漂浮。外观呈三角形，有两个一百五十公里长的边，依附于南美洲大陆，却又因四周全为裂谷而与之分隔。这座大断岩上有三十五条分水岭，山脉总面积超过两万平方公里，从海面攀升到山顶冰峰只要五十公里。在高低起伏的山地和深谷中，大概可以发现地球上几乎各种主要生态系统的代表物种，沿岸有珊瑚礁和红树林沼泽、西侧山腹上有热带雨林、北边是沙漠、东边为灌木地，还有在云雾间俯瞰着这一切的高山冻土和雪原，这也是祭司祈祷祭拜之处。这个接近赤道的地方，有十二小时的日照和十二小时的黑夜，有六个月的雨季和六个月非雨季，整片山脉是平衡而和谐的世界，而印第安人就以大地之母的心愿维护着这一切。

依照神话，大地之母是在梦中不断动脑，构思出九层宇宙的概念，使高山幻化成型。为了稳住整个世界，她将自己的纺锤插进世界轴心，并把大断岩一把提起。接着她将一段棉线解开，画出文明世界的地平线，并在内华达山脉底部勾勒出一个圆，宣告这是她孩子的家园。

这个最初的造物之举从未被遗忘。织布机、纺织的动作，还有将部落织到大地布料上的概念，对内华达山的民族而言，一直是至为重要且栩栩如生的隐喻，清楚指引着他们的生活。他们以务农为生，为了善用各种生态区的资源而不断移动，在炎热的低地上收割木薯、玉米、咖啡和菠萝，在云雾森林的寒冷雾气中栽植马铃薯和洋葱，再爬上更高的地方牧牛、收集茅草盖屋顶。他们将这种周期性的漫游想象成一条条线，认为这些线久而久之就能在地面形成一件防护斗篷。建造果园时，女性在南半边播种，沿着耕地种出一列列作物；男性则在北半边种植，方向跟女性相互垂直。把这两半对折，就成了一块有经有纬的织布。果园就是布料，当人们祈祷时，手中会紧握着一小团白棉花，象征教导他们纺织的大地之母。祈祷时双手画圈的动作使人想起大地之母把宇宙织出生命的那一刻。她告诫人们要保护她织出来的每一样东西。这就是她的律法。

　　玛莫祭司负责带领所有人走上瑟兰库亚的道路，他们所受的宗教训练非常扎实。年轻侍祭在小小年纪被带离家中，或住进男性寺庙（kan'kurua），或待在郊区，在黑暗的朦胧世界与世隔绝达十八年。两段九年的时间很容易让人联想到在母亲子宫里的九个月。侍祭在整个启蒙阶段都待在大地之母的子宫里，而在十八年期间，世界只是个抽象混沌的概念。他们在得知自己的仪式和祈祷已能维持世界的宇宙性与生态性平衡的那一刻，融入了神圣国度的文化里。这名年轻人历经艰辛的蜕变，然后被带往朝圣之旅，从大海走入冰雪，从云雾森林往上越过岩石和草丛抵达帕拉莫①高原，即通往世界之心的入口。他将首次发现这个世界不是混沌抽象的概念，而是千真万确地存在，充满各种令人惊叹之美。信息简洁明了：这是他要守护的一切。

　　他从海边带来棉花、贝壳和热带植物的豆荚，在高高的圣湖上回赠他所得的一切。在这里，风就是大地之母的呼吸，灵魂守护着栖息地，并负责执行她的律法。祭品保存了生命的各种形态，而朝圣者纯洁的思想就像种子。在帕拉莫高原，玛莫祭司会采集药草和大花高山菊（espeletia）的叶子，带回海边。大花高山菊在西班牙文中被称作“化缘修士”，因为从远处看，这种植物会被误认为男人的剪影，一个迷失在卷云迷雾里的漂泊修士。朝圣，这种在大地上移动的活动，对“老大哥”来说是一种不断寻求肯定的作为，

---

① 帕拉莫（páramo），此高原涵盖包括秘鲁北部、厄瓜多尔、哥伦比亚和委内瑞拉等范围。——译注

把人类和自然结合起来，纳入同一张互惠网络。

自哥伦布时期以来，安第斯山脉的居民惊惧地目睹外来者如何侵犯大地之母。他们砍倒了森林，那是她身体的皮肤和外衣，然后建起大农场栽种外国作物，包括香蕉、甘蔗、大麻，现在还有古柯，用来制造非法可卡因。左派游击队和右翼非法武装部队受到古柯交易暴利的吸引，也为了逃避军方追剿，双双进入山里消灭印第安人。对"老大哥"来说，危险不只来自山下，高山上的威胁更是雪上加霜。山脉的雪原和冰河正在以惊人的速度后退，彻底改变了山上的生态。对我们而言，这些发展似乎互不相干，但对"老大哥"来说，这两件事肯定互有关联，也跟"小老弟"的愚蠢脱不了干系，一切都是世界末日的预兆。

我上一次待在这片山区时，跟着阿尔瓦科族的人一起翻山越岭。这趟旅程始于纳布什玛克（Nabusimake）部落中心的一场斋戒仪式，然后前往圣湖，再回到海边。与我同行的是维拉法纳（Danilo Villafaña），他是我的老友阿达贝托的儿子。阿达贝托死于武装部队之手，而维拉法纳如今是阿尔瓦科族的政治领袖，我还记得他还是个小婴儿时，我在当时还很祥和平静的内华达山脉山坡上背着他爬上爬下。暴力一直是维拉法纳的生命背景，哥伦比亚革命军及非法武装部队屠杀、逮捕了大量高基族、韦瓦族和阿尔瓦科族人。尽管如此，印第安人依旧力主和平。正如那天我跟维拉法纳坐在纳布什玛克的小河边时他所说的："玛莫祭司的灵魂世界跟枪支的世界不能共存。"

　　我从朝圣之旅回来后跟吉尔（Ramon Gill）聊了起来。他是备受敬重的韦瓦族玛莫祭司。他告诉我："祖先说有一天'小老弟'会觉醒，但唯有等到大自然的暴力反扑到他身上才会发生。所以我们该怎么做？嗯，我们并不打算开战，我们只想让众人理解。我们在此心平静气地诉说，但愿全世界都能竖起耳朵倾听。"

　　2004 年，国际间因可卡因而暴力不断，而且在此之前的两年间，山上已有几百名印第安男女相继死亡，包括多位玛莫祭司。1 月 9 日高基族、韦瓦族和阿尔瓦科族因此发表了联合声明："有谁会付钱给大地之母来购买我们呼吸的空气、源源不绝的流水还有太阳发出的光芒？天地万物皆有灵魂，皆具神圣性，我们都必须加以尊重。我们的律法就是万物本源之法、生命之法。我们邀请所有'小老弟'一起担任生命的守护者，同时坚守对大地之母的承诺，并呼吁所有民族及国家团结一致。"

　　只要想到在我写下这些文字的时候，这些离迈阿密海滩搭飞机仅两小时航程的玛莫祭司依旧在内华达山脉高处凝望着大海，为我们乃至整个地球的幸福进行祈祷，就不由得觉得自己是如此渺小。

梦之国

　　听到这样的描述，我们常会嗤之以鼻，认为这种做法天真得无可救药，或者美到不像是真的。这是我们的悲哀，每次碰到不了解的文化就做出这种反应。这些文化深刻复杂得令人目眩神迷、不知所措。当英国人抵达澳洲海岸边时，完全没料到该地及其居民是如此优雅精致，也无法欣赏其美妙。他们对这片沙漠的险阻毫无所知，也对原住民的成就冷漠无感，殊不知这些原住民已蓬勃发展了五万五千年，他们既是猎人也是采集者，更是他们世界的守护者。他们一直没想过要去改善自然世界，或去驯服野生世界。这些原住民接受生命最初的样貌，接受整个宇宙世界，接受创世以来始终不变的万物。在天地初分时，他们的上古始祖彩虹巨蛇创造了第一批先民，然后这些祖先再将思想、梦境和游历化为歌声，唱出这个世界。

先祖边唱边走，时间到了，就停下脚步入睡。他们在梦境中构思隔天的计划、创造的重点——让所有造物相互融合，直到每种生物、每条溪流和每块石头以及所有空间和时间都成为整体的一部分。当他们工作到精疲力竭后，便功成身退，隐没到土地、天空、白云、河流、湖泊、植物和动物中，使得这片岛屿大陆里依旧回荡着他们的记忆。这些先祖走过的路不曾湮没，这些路即为"歌之路"（Songlines）。即便到了今天，当人们走在僵化的有形世界时，依旧会追循这条旅程。

当原住民循线追索歌之路，并吟唱着创世的故事时，他们就变成了始祖的一员，进入梦世纪（Dreamtime，又译黄金时代）。梦世纪不是一个梦，也不是时间推移的单位，而是先祖的国度，是平行宇宙，一个时间、空间和运动定律失灵的地方，过去、未来和现在合而为一的所在。欧洲人只能在睡梦中接近此处，也因此这个地方以梦国度（Dreaming）或梦世纪闻名于早期的英格兰移民圈中。但这个词容易产生误解，因为梦在西方定义中是脱离现实的意识状态，而梦世纪正好相反，是真实世界，或者至少是原住民日常生活中拥有的两个现实之一。

要走这条歌之路，就得让自己融入这个生生不息的世界，一个已经存在且持续在成长变化的地方。因此原住民不仅是土地的依附者，也维系着土地的存续。没有土地，他们会死；但没有人，持续进行中的创造过程会戛然而止，土地也随之枯竭。人们通过行进及神圣仪式来维护前往梦世纪的通道，同时在先祖的世界中扮演动态且持续不辍的角色。

这一刻始于空无。有个男人或女人在走着，然后从虚空中传出了歌声，那是现实世界的化身，也是让这个世界具有性格的宇宙旋律。歌曲制造了成形的震动，舞蹈则让形状逐渐清晰，现象学国度里的对象于焉出现：树木、岩石、溪流，这些都是梦国度的具体证据。一旦仪式停止，众声便告寂静，一切消失无踪。大地上的万物都透过歌之路相系，全都依附在亘古不变却又日新月异的梦国度。每件地标都与源起的记忆密不可分，同时不断变化新生。每种动物或物件都在古老事件的脉动中震颤，在梦中重生。既存的世界已臻完美，却也不停蜕变变形。从现实世界的各个面向观之，这片土地充满了过去，也充满了未来。走在这块土地上，就是加入一场不断确认的行动、跟着跳一场无止境的创造之舞。

18 世纪末，欧洲人拥上澳大利亚海滩，他们缺乏语言能力或想象力，甚至无法踏出第一步去理解原住民智慧与精神的深远成就。这些人只看到生活简单的民族，没什么科技成就，长相怪异，习惯令人难以理解。欧洲文明的所有标记，这些原住民都付之阙如。他们没有金属器具，对文字书写一无所知，也从不热衷播种。他们没有农业或畜牧业，产不出余粮，也就从来无法拥有定居的农村生活。他们的社会从未出现阶级与专业分工，只有一支支小型的半游牧游群，住在用枝条和牧草搭起的临时遮避所内，倚赖石制武器，完全符合欧洲人对于落后的想象。尤其是英国人，他们觉得会有人选择这样的生活方式简直不可思议。"与时俱进"是维多利亚时代的标记，也是当时最根本的思潮。在欧洲人眼中，这些原住民正是野蛮的化身，早期有个法国探险家将他们形容为"世上最悲惨的民族，与畜生野兽几乎无异的人类"。

"他们比狗好不到哪去。当他朝你吠嚷的时候，你就开枪射杀，这不会比射杀狗还要严重。"叶慈牧师（Reverend William Yates）在 1835 年如此回忆。早期西澳大利亚有名移民者试图合理化恣意挥鞭的行为，他提到："要记住，土著身上都有兽皮，而不是普通人那样的普通皮肤。"原住民遭射杀后，尸体会被当成稻草人，瘫软的尸首就这么吊挂在树枝上。1870年，特洛勒普（Anthony Trollope）①就写道："他们注定要灭

---

① 19 世纪英国作家。——译注

绝，而且越快越好。"及至 1902 年，民选议员欧马里（King
O'Malley）在国会殿堂里起身宣告："根本没有科学证据
显示土著是人类。"

1936 年的《原住民管理法》规定，西澳大利亚的原
住民不能随意迁徙，除非有州政府允许。没有任何原住民
父亲或母亲获准合法监护小孩。当局可以下令把原住民迁
到保护区或公共机构，或者驱逐出城。任何婚姻的正当性
和合法性都由政府裁决。迟至 20 世纪 60 年代，还有一本
学校教科书《澳洲动物集锦》（*A Treasury of Australian
Fauna*）将原住民纳入该国的有趣动物。

20 世纪初，在疾病、剥削和谋杀的联手下，原住民人
口从欧洲探险时代的一百多万人减至三万人。人们原本可以
轻易在歌之路串联起来的土地上移动，从一个时空到另一个
时空，从未来回到过去、再从过去来到现在，但在过去的一
个多世纪中，这块土地已经从伊甸园变成末日坟场。

你一旦了解这些原住民心灵的深邃广博、想法和哲学
之精妙、仪式之召唤威力，再接着想到这个贮藏人类潜能、
智慧、直觉和洞见的大水库在死亡和战火频仍的几年间已
几近干涸，就会心寒不已。事实上，原住民的语种在双方
开始接触时大约有两百七十种，方言可能超过六百种，但
目前正以一年一个或更快的速度消失。现在已有一半的语
言灭绝，十八种语言目前仅有约五百人使用。

事实上，澳洲原住民的梦土代表人类思想的一场伟大
试验。澳洲大陆与其他陆地分离已逾亿年，第一批漂洋过

海到达澳洲的人类，正是第一批离开非洲的那群人的后代。他们踏上一块既严峻又难以忍受的陆地——地球上最干燥的陆块。在这里，演化本身也走上奇异之路：会产卵的哺乳类动物、巨大却不会飞的鸟类，还有一大群生物将胚胎养育在子宫外，以囊袋安全守护着。八米长的咸水鳄鱼是原住民最早看见的动物之一，他们甚至有可能在海上航行时看见。那是一种原始生物，在几乎完全没入水中时仍然可以看、可以听、可以呼吸。这种爬虫类善于偷偷摸摸地突袭，捕杀所有比它弱小的动物，也乐意敞开不是那么温暖的双臂欢迎新猎物。

人类的脚步从登陆起便没停过。随着时间的流转，大家庭组成的小型游群遍及大陆每个角落，建立宗族领土，然后通过共同的语言，松散地联结成更大型的社群或部落。宗族领土的规模取决于土地的负载力，南边与东边的草原和尤加利林有较密集的人群。中部和西部的沙漠罕有人居，黄沙上的人看起来有如幽灵。到了欧洲探险时代，泾渭分明的宗教圈及社会中心多达一万个，也就是一万个家园，每个地方都由生来便被培养成战士的男孩严密戍卫。

无论地理或文化上，划定宗族界线的，都是圣地、将族人与祖先相连的故事，以及错综复杂的社会关系网络，而西方的人类学家要耗上一百年方能厘清这复杂的网络。这当中有一百种具特定称谓的亲属关系，各自代表一种特定的权利和义务，以及血缘和婚姻的规则与戒律，这些共同画出一张社会地图，让每个人随时都能谨守分际、进退有据。澳洲原住民族发明了关系母体，以此取代科技，而科技是我们最引以为傲的成就。为此，他们造出一种防护壳，与我们的城墙一样令人赞叹、舒适又完整，而两者的目的都是将人类与变幻无常的大自然隔绝开来。

这群人在宗族的领土内发展出相当卓越的地方性知识。我最近花了一个月待在澳洲北部区中遥远偏僻的安恒地（Arnhem Land），与杰出的男人康比翁（Otto Bulmaniya Campion）相处，还有他的大家庭，包括他的妻子克里斯汀、他的叔叔杰弗瑞和所有小孩。我想要多了解梦国度和歌之路，知道一些我在书上没学到的东西。起初我会发问、寻求定义，然后我发现自己有多愚蠢，接下来就只是静静从旁观察。

在抵达可以扎营的死水潭（池塘或泥滩）时，康比翁和小伙子立刻放火烧草，这既能清理也能活化土地。他们沐浴时会击打水面，让鳄鱼知道。他们会用铁木树树枝燃起的烟净身，再把泥土和红赭石混合起来，在每棵树的树干上涂上一圈。他们三两下就整顿好整个空间，用树枝把地扫干净，立好防风物，然后从白千层树上剥下一大片树皮，充当寝具和毯子。母亲和年幼的小孩睡在一个圈子内，年长男性睡在另一圈，年轻单身的男孩则在第三圈。在追捕尖吻鲈时，他们会进行一段对话，表达饥饿及需求的天性，同时向先祖和鱼灵的祖先祈求食物上钩。他们称这里的食物为丛林食物（bush tucker），内容五花八门：绿蚂蚁、飞狐、鹅或野生番薯藤。他们会在狩猎时盖上泥巴以掩盖体味，让自己与猎物无异。有天早晨，克里斯汀和康比翁的儿子为自己涂上红赭石，借此仪式订下约定，让男孩变身成彩虹巨蟒。

晚上大家围绕在营火边，康比翁与他父亲的灵魂交谈，一股声音从火焰中传出。白天时，他会用连福尔摩斯都相形见绌的严密逻辑推演来追踪袋鼠。然而，猎物一旦身亡，他便会恢复崇敬。这是一种严格的规约，清楚说明如何对待动物尸首，以免悲惨的灾祸降临在猎人和他的部族上。动物舌头应该小心拔出，如此小孩长大后说话就会得体、有礼。动物的双脚应从膝盖处打断，好让它的灵魂自由，然后再按一定顺序与方法折起捆绑。切开动物的胆囊，取出寄生虫生食，然后从动物胃里取出尚未消化的绿色纤维，只以此调味。猎肉的分送则反映了亲属关系的权威，例如头部给猎人，尾巴给配偶的兄弟，两条后腿给第二和第三位兄弟。

当我们一起走在这块土地上时，让我惊讶的不只是康比翁的知识深度，还有他知道这些事情的方法。他的思考完全非线性，看起来有点像是随意相连的神奇路径。一长排蚂蚁会导引到汗蜂，从地上挖出来的蜂窝牵连到神鸟，若谈到某个灵魂，会反过来将我们带回"晨星歌路""岩袋鼠的梦国度"，然后再想到白千层树的功效、遮蔽处的来源等。印度木棉开花，意味着袋鼠幼崽已长出足够的毛，能在袋鼠妈妈死亡后继续存活。不知名的树上开出黄红色的花，类似鸸鹋脂肪的颜色，让康比翁知道该在何时猎捕长颈龟。

光是和康比翁与他的家人在一起，就足以让我省悟原住民从来不是真正的游牧民族。相反，他们定居在祖先勾勒出的土地上。这是上天的指引。想象一下在你之前出现的每一代天才和智者若都专注于一组任务，专注于了解一块特定的土地，不只是动植物，还包括每一个生态、气候和地理上的细节，每一股有知觉的生物脉动，每一阵风的律动，每一个季节的模样。

这就是澳洲原住民的生存准则。

把宗族领土连接起来的，不是族人外部的活动，而是一股共同意念的力量、精妙但普世皆同的哲学、一种思考的方式。梦国度如前述所言，在某种层次上指的是第一道曙光出现之际、彩虹巨蟒还有所有先祖创造世界的时刻，这些也都记入歌之路中，也就是这些祖先用歌谣将世界唱活之时，沿途所经的轨迹。

但我从康比翁身上获得的发现是，歌之路并非笔直或线性的，甚至不必然存在于三维空间中。然而，歌之路的数量够多，因此也编织出一张涵盖整个大陆的网。对缺乏文字的文明来说，这成了对过去的记录、对未来的承诺，也是一张将所有族人凝聚起来的网络。如同康比翁教导我的，一个人的目标并非从头至尾走一趟歌之路，而是借此崇敬祖先，正因为他们的力量和记忆，才能为宗族领土标记出歌之路的通道。

更重要的是，梦国度并不是神话或回忆，而是在开天辟地时发生的事，还有现在及永恒的未来会发生的事。原住民的天地没有过去、现在或未来。欧洲刚和澳洲接触时，这里有数百种方言，但其中没有一种语言有代表时间的字词。他们没有线性发展的概念，没有进步的目标，不认为改变是完美的。相反的，整个梦国度的理念是静止、恒久、平衡、一致。人类存在的目的不在于改善任何事情，而是去参与宗教和仪典活动，这件事之所以重要，在于活动能把世界维持得跟创世时一样。想象一下，这就像西方从一开始就把所有智慧与科学热忱放在维护伊甸园上，让伊甸园永远留在亚当和夏娃展开命定交谈的那一刻。

原住民的天地并非理想世界。冲突很激烈，仪式也可能极端严苛。仅援引一例便能清楚看出：沃皮瑞族人（Walpiri）最早学到的知识包括切割男性的性器官，使之变形。他们会垂直切开阴茎，让阴茎完全摊开。但如同斯坦纳（W.E.H. Stanner）所描述的，该文明没有多少空间容纳怀疑论、质问或异议。就像他所写："梦国度定义了过去，决定了现在，涵盖了未来所有的可能。"

在西方传统中，存在是种需要冥思苦想的东西。西方的思想家和哲学家跨到生活之外，省思抽象的观念，而我们将之定义为洞察。梦国度让这类思索显得无意义且难以置信。它会将个人封入信仰与信念之网，而这道网并没有出口，因为人无法认为其想法是谬误的。违反梦国度的律法，并不只是当下的违反，而是会反射至所有时空，延伸至无尽的过去，以及无垠的未来。其实就如同斯坦纳所理解的，原住民并非没有历史的民族。他写道：在某种意义上，他们的文明早已超越历史。

梦国度同时回答了"如何"与"为何"两个问题，指出一个人应该如何生活，而人类的责任并不是改善大自然，而是让世界永续生存。土地保育对原住民来说是最基本也最优先的。这是极度保守的意识形态，我无意评断这是对或错、好或坏。但这种想法有其必然结果。显然，若全体人类都遵循原住民的方式，追随这些首批出走非洲的人类后代所留下的智慧轨迹，我们就不会把人类送到月球。但在另一方面，如果梦国度变成了普世信仰，我们今天就无须苦恼工业化的下场——在任何科学定义上，工业化都威胁到地球上滋养万物的生态环境。

神圣水源

　　如同所有小说，这个故事编织了一条回到最初的途径。我以神圣水源地作为本章的开场。那是一个美得令人赞叹、仿佛稀世珍宝的山谷，鲑鱼的河流家园由此诞生，事实上就是我的家乡，因为斯蒂金正是我的居住之地。斯蒂金河的河谷是我所知最棒的地方之一，而当地人也正在号召反对这些开发计划，因为他们对土地有非常不同的思考方式。对他们来说，神圣水源地是家园，曾经是他们的杂货店和避风港、教堂和校园、墓园和乡村俱乐部。他们相信这个河谷最终应该属于未来世代。神圣水源地会是他们茁壮成长的地方。艾斯库河的长辈几乎都在这块土地上长大，他们已经正式呼吁结束一切在河谷及神圣水源地部落遗产园区进行的工业活动。

自 2005 年夏天起，艾斯库的男女老幼，加上塔尔坦族[①]和来自电报溪（Telegraph Creek）与更远处的加拿大原住民支持者，全年四季皆在通往神圣水源地唯一通道的路口经营培训基地。任何可能会侵犯这片土地之人，皆被拒绝进入；接受并尊崇土地原貌者，则受热烈欢迎。

他们跟每个人分享他们对新世纪的憧憬：以永续方式来管理他们的国土和整个省的西北部。他们冒了多年的危险，但仍不打算放弃，因为他们的努力攸关这个北美奇特地区的存续。神圣水源地的命运其实超越了当地居民、省府机构、矿业公司的利益，遑论那些不计代价追求工业发展的少数人。甲烷、煤或铜的产量不论有多高，都无法弥补这块土地的牺牲，因为这是所有加拿大人的神圣水源地，其实更是世上所有民族的神圣水源地。终究，这就是"老大哥"所要传递的信息。

---

① 塔尔坦族（Tahltan）是操阿萨帕斯卡尔语 (Athabasca) 的印第安部落，位于斯蒂金河上游及附近其他河流两岸。——译注

第 5 章　风的世纪

CENTURY OF THE WIND

想要在全体人类之上
建立一个以进步与科技为单一价值的普世文明，
只会剥夺与扭曲人性。
每一种世界观的灭绝，每一种文化的衰亡，
都削弱了生命的可能性。

——欧塔维欧·帕兹（Octavio Paz）

人间的伊甸园

人们已经寻获伊甸园，就位于非洲西南海岸边，离祖华希布希曼人（Juwasi Bushmen）的家乡不远，这些人世代与卡拉哈里沙漠的狮子和平共处。人类从非洲动身离开的地点已被相当精确地定位出来：在这个古老大陆的另一边，也就是红海的西岸。我们从此地出发，走过沙漠，越过白雪覆盖的路径，穿过丛林和山间溪流，最后找到一条路横跨大海与珊瑚环礁，到了黑沙滩，踏上充满神秘事物、蕴藏着希望的大陆。我们定居在北极和喜马拉雅山、亚洲大草原的牧草地和北方针叶林，入冬后寒风无情吹袭，柳树的汁液为之结冻，驯鹿只好嚼食晒得干枯的树枝。在印度的河流中，我们遇见了回荡人心的声音；而在灼热缄默的撒哈拉中，我们找到了水。在路上，我们创造了一万种生存方式。

在墨西哥瓦哈卡山区，马萨特克族为了跟远方沟通，学会吹口哨或模仿他们声调语言中的音调，创造出能在风中传送的词汇。而在达荷美共和国（1990 年该国改名为贝宁共和国。——编者注）海边，巫毒教侍祭打开神秘之窗，探索催眠的力量，使得人类能够轻松安全地在精神国度内外移动。在云南森林里，纳西族巫师将神秘传说刻上岩石；在奥里诺科河三角洲，瓦劳族巫师忍受尼古丁麻醉，以求得洞识和灵感、雨神的知识、燕尾鸢之巢、纹章上的猛禽，还有跳舞的美洲豹。

苏门答腊海外的西比路岛上，明打威族发现灵魂让万物生机勃发：鸟、植物、云，甚至划过天际的彩虹。这些神圣的实体沉醉于世界之美，拒绝停留在本身就不美丽的人体上。因此明打威人相信，如果大自然失去光彩，如果风光景色变得乏味，如果同为世间万物的他们不再荣耀美的本质，太初的力量便会将现世废为死者居所，然后所有生命消亡。明打威人为了崇敬祖先、礼赞生命，无论男女皆会献身于追求美：精心打扮身体、锉磨牙齿，在发间插入色彩艳丽的羽毛，身上刻上雅致的螺旋图样。在日常生活中，再微不足道的工作他们也总是盛装以赴。

在日本京都周围的群山中，天台宗的僧侣一天只睡两小时，只靠一碗面和一个饭团果腹，然后在神圣的柳杉林里连续跑十七个小时，为时七年。在"回峰行"的某个阶段，僧侣一天要跑八十公里，连续跑上一百天。最后还有严峻的关卡：九天不吃不喝不睡，甚至在安静打坐冥想时，也要让身体暴露在烈焰的灼热中。在过去的传统中，无法完成训练的人必须自我了结。他们在白色僧袍下挂着刀子与绳索，草鞋系在背后。他们一天会穿破五双鞋。近四个世纪以来，只有四十六人完成这种苦修。这是一条启蒙的仪式之路,带领入门者接近死亡国度,目的全是为了让生者了解众生及万物皆平等,人类也不例外,世上没有什么东西是永恒的。

权力与文化的冲突

人们常常会问,如果这些惊人、奇异的文化及信仰体系消失了,又有何妨?若你是住在温哥华或沙斯卡其旺省的农场或纽芬兰海湾的安逸怀抱里,那么,你为何要介意某个遥远非洲部落因同化或暴力而灭绝,他们借着仪式表达的梦想和灵魂热情也因此而蒸发?如果你已经有机会在前四章中思考这些问题,或许也能猜到我对这类问题最大的疑惑,那就是:如果有人非得问这个问题,那他真有可能理解答案吗?

如果撒哈拉沙漠的图阿雷格族失去他们的文化,对魁北克的人来说有关系吗?或许没有。就像魁北克如果失去了文化,对图阿雷格人来说也一样没有影响。但我认为,失去两种生活方式的任一种,的确会影响到人类整体。一方面,这是人权的根本议题。谁说加拿大对现实世界的观点比图阿雷格族还要重要?而且在更根本的层次上我们必须扪心自问:究竟想要住在怎样的世界?大多数加拿大人都没有机会在一望无际的白色沙漠中遇上穿着蓝袍徐徐而行的图阿雷格骆驼商队。同样,我们也很少有机会亲眼看到莫奈的画作或亲耳聆听莫扎特的交响乐。但这是否也意味着，若这个世界少了艺术家、文化及他们对现实的独特诠释，也不会有任何损失？

因此我用生物学的隐喻来回答这个问题。某个单一生命物种灭绝会有什么影响？想象一下，你现在上了飞机，注意到技工正在拔出机翼的铆钉，于是你问这样会不会出问题，然后技工说："放心。少一个铆钉我们就能省一点钱，而且我们至今还未出过任何问题。"或许少了一个铆钉没什么差别，但双翼最终会脱离。文化也一样，若跑马拉松的僧侣停下不跑，或明打威族的小孩改变了他们的美感，变得世俗而缺乏想象，又或者纳西巫师不再于石头上写字，放弃了原生的书写字母东巴文——世上最后一个仍在使用的象形语言，天会不会塌下来？不会。但我们现在所谈论的并不是失去单一生物或单一文化，而是人类史上前所未见的崩塌毁灭。在我们有生之年，有半数人类的语言将陷入静默。

问题并不在改变。在西方，我们一直致力于颂扬、发展科技成就，仿佛世上其他民族都停在原地且疏于动脑。这完全背离事实。在历史上，改变一直存在，所有地方的民族都不断与生命的新可能性共舞，而科技本身并不会威胁到文化的完整性。拉科塔人不会因为放弃弓箭改用来复枪就不再是苏族人，而加拿大的农场主人就算舍马匹马车而就汽车也仍是加拿大人。威胁到文化完整性的，既非改变也非科技，而是权力。权力是支配的原始面貌。我们普遍认为这些原住民族，这些遥远的他者，虽然可能奇特又缤纷，但不知为何，却终究注定要消失。或许是因为自然法则，也可能因为他们没能实行现代化，或是未能成功变成我们。但这些完全不是事实。在所有案例中，他们都是生气蓬勃、活跃生动的民族，却被来势汹汹的外力明目张胆地逼到绝路。这样的观察其实很乐观，因为这说明人类既可以是文化的毁灭者，当然也可以成为文化的保存者。

为了看清权力和文化的冲突，先让我们回顾一下美洲大陆的历史及第一民族"基奥瓦族"的经验。基奥瓦族原本在密苏里河水源区以狩猎采集维生，约莫在美国独立革命前一世纪，他们走下山来到达科塔草原，遇见了克劳族。克劳族教导基奥瓦族认识北美大平原的宗教文化、太阳的神性、野牛的路径，以及如何运用马匹的力量。后来基奥瓦族往北迁徙至黑山，并与拉科塔族作战，然后在夏安族和阿拉帕霍族的驱赶下跨过阿肯色州的水源地往南逃窜。在那里，基奥瓦族和科曼奇族起了冲突，后来结成同盟，联手控制了南方草原和一大群野牛。牛群在移动时，仿佛一团阴影横越大陆。

每年盛夏当棉白杨树开出白棉花时，人们会聚在一起跳太阳舞，这是灵魂重生的时刻。帐篷升起，围成一个大圆，整个营地朝向东方升起的太阳。巫术棚屋是焦点，因为屋内的西侧插着一根枝条，上面吊着太阳圣像"太弥"（Tai-me）。这是一种简单的物神崇拜，用绿色石头做成袖珍人型，穿戴白羽袍、貂皮头饰和一根直立的羽毛，脖子上挂着一串蓝色珠子，脸上、脖子和背上都涂上颜料，这些都是太阳和月亮的象征。对基奥瓦族来说，太弥本身就是生命之源，由世袭保管者守护，收藏在生牛皮盒中，除了太阳舞那四天，从不暴露在光线下。此时此刻，太弥的力量广泽天地：小孩和战士舞者、放在太弥下方代表太阳的野牛颅骨、十个陈列于前的药包、四天四夜中随着太阳逐渐转动盾牌的人、每天无时无刻盯着太阳而牺牲视力的年轻舞者。

晚近至 1871 年，北美地区的野牛数量还超过人类。当年你只要站在达科塔地区的峭壁边，就可以看见方圆五十公里内尽是野牛。牛群过于庞大，得花上数天才能从你面前走完。西部传奇警长怀亚特·厄普曾经描述上百万只动物在大如罗得岛州的草原上吃草的景象，之后不到九年，野牛便在北美大平原上消声匿迹。美国政府的政策很明确：消灭野牛并破坏北美大平原的文化。受当今天然资源保护论者敬重的老罗斯福，在当时表达国民的心境："正义站在殖民者和拓荒者这一方，这块广袤的大陆不该沦为龌龊野人的猎场。"

十年内，系统的屠杀使北美野牛稀少到变成珍奇动物，也摧毁了原住民的所有抵抗。策划这场战役的菲利普·谢里登将军建议美国国会铸造纪念奖章，奖章上一边刻着野牛尸体，另一边是印第安人尸首。1890 年 7 月 20 日，当局正式禁跳太阳舞，基奥瓦族和所有北美大平原文化的基本信仰行为都被禁绝，违者将被监禁关押。1892 年春天，麻疹和流感的爆发是最后的致命一击。

发生在美国边疆的事也在世界各地不断上演。1879 年，阿根廷的罗卡将军发动"征服沙漠"的战役，目标正如前述：将彭巴草原的印第安人消灭殆尽，占领其土地与牛只。塔斯马尼亚岛的人在七十五年内灭绝。基督教传教士韦斯特（John West）合理化屠杀行为，认为他们必须清洗恶心民族的土地，他将此民族形容为"令人憎恶的梦魇"。法属波利尼西亚的殖民政府在 1850 年正式禁绝波利尼西亚的所有传统文化，包括岛屿间的贸易和航行、宗教祈福及欢宴、刺青、木刻、跳舞甚至歌唱。1884 年，英国殖民当局将西北太平洋的冬季赠礼节列为违法。一年后，当欧洲代表在柏林代表大会瓜分非洲大陆时，都正式承诺要全力支持"有计划地教育原住民，教导他们了解并欣赏文明的益处"。接下来的会议促成了 1892 年的布鲁塞尔法，号召全世界殖民政权要"消灭野蛮风俗习惯"。

　　同年，西北亚马孙流域有四万名波拉族和胡伊多多族人死于普图马约河沿岸，凶手是英国秘鲁橡胶公司的贸易商和工头。在刚果自由邦内，国王利奥波德二世的私人军队同样为了乳胶这种森林里的白色鲜血，屠杀了八百万非洲人。1919 年，一次世界大战这个毁去无数欧洲青年、违反所有正直荣誉理念的全球冲突甫一结束，战胜者便群聚巴黎，然后依据国际联盟盟约第二十二条条款，要以"文明的神圣信托"接管所有无法承受现代世界艰辛环境的部落民族，原住民被迫将面积将近全球一半的土地交给殖民政权。数百万人死去，文明自我毁灭的脚步加剧，受害者也会加倍，一个世代之后，整个世界将离毁灭不远。

加莱亚诺（Eduardo Galeano）将强取豪夺之后的时代命名为"风的世纪"，提醒我们这些惨绝人寰的事件并不是发生在遥远的过去，而是在祖父母生活的年代，且持续至今。肉体上的种族屠杀会遭受举世谴责，但民族生活方式的文化灭绝却在很多地方获得认可与背书，被视为适宜的发展政策。现代化提供了剥夺公民权的合理借口，真正的目的往往是为了要以工业规模开采自然资源，这里是原住民世世代代居住的领土，但让他们留在土地上显然有所妨害。

被现代文明摧毁的浪漫生活

婆罗洲的巴勒河口呈现泥土的颜色。往北，沙捞越的土壤没入南中国海，而一艘艘的日本空货轮就悬在海平面上，迎着潮汐，等着将婆罗洲森林里砍下的原木树干装入货舱。河边聚落提供机会与绝望并存的背景：泥泞的伐木营地还有简陋小屋群，鳞状的外观贴满金属片、塑料片和拾回的木板。孩童把大桶大桶的垃圾倒入河中，伐木驳船一经过，垃圾又立刻漂回岸边。数公里的河水塞满了砾石和淤泥，而沿岸有数千根原木料，每堆都堆到三十根高，有些在等待装运，有些则在热带高温下逐渐腐朽。

往上游走一百五十多公里，则是另一个世界，晶莹的河流剖开多样而魔幻的森林景象和高耸山林，世上最广阔的洞穴与地下通道网络密布，这是本南族的传统领土，这支狩猎采集文化据闻是东南亚最后的游牧民族之一。他们常在神话和日常生活中赞颂婆罗洲森林的丰饶物产，此处生物的丰富性与多样性甚至超过亚马孙最多产的区域，但一块块零碎土地加起来的总面积只有一平方公里，不到温哥华史丹利公园的四十分之一，树种却与整个北美一样多。

游牧一词其实容易让人误解，因为暗示着不断移动且对土地缺乏忠诚的生活。事实上，本南族在森林内的迁徙是循环的，资源在哪里，就走到哪里，但终其一生都待在某些特定的地方。因此，森林对他们来说是一片片住宅区，虽然某种程度上仍处于野生状态，并有潜在危险，不过，因为人类已经住了世世代代，森林本质上已被驯化，每处地形都回荡着故事，林间小径沿途的每个点、每个巨砾和洞穴、两千多条奔腾的溪流，都有其名字。管理守护的概念渗入本南族社会，规定人们如何使用并分配环境。个人的资源都归亲族团体所有，他们共享一堆堆的西谷米、果树、箭毒树、渔猎场、药用植物等，这种家族权力获得全体认可，并世代传承。本南族说得非常简单直白："我们从森林中获得生命。"

当我在 1989 年首次造访本南族时，印象最深刻的是某种生命的质地，亦即人的本性，这种人性与其说是与生俱来，不如说是由生活方式塑成。他们不太有时间感，只知道自然世界的韵律、植物结果的季节、太阳月亮的推移、黄昏前两小时出现的汗蜂、每晚六点整震动整个森林的黑蝉。

他们没有付钱雇用的概念，也不认为工作是负担、闲暇是相对的娱乐。对他们来说，生活就是生活，每天周而复始。孩童不去学校，通常是跟在父母身边学习。家庭或个人相隔遥远，必须自给自足，每个人都要能做任何事，因此这里的阶级观念淡薄。

在没有专家，人人都可以用森林的原物料轻易做出东西的社会中，当每样东西都要肩挑背扛，没有诱因让人累积物质财产时，该怎么衡量你的财富？对本南族而言，真正的财富是人际关系的力量。这些关系一旦弱化或紧张，全体都会受苦。假使有冲突导致分裂、家庭长时间分道扬镳，两边都会因猎人不足而挨饿。因此，如同多数狩猎与采集社会，他们并不喜欢直接批判别人。首要之务是群体的团结，他们极少表现出对抗和愤怒，谦恭和幽默则很常见。

他们的语言中没有"谢谢"一词，因为分享是义务。没人知道谁会是下一位把食物带回营火边的人。我送过老妇人一支香烟，结果看到她撕开香烟，把一条条烟草公平分给营地中的每户人家，即使结果是谁都抽不到烟，但她以分享为荣。在我首度造访过后的某一次，有些本南族人来到加拿大发起活动，要求是保护他们的森林，结果加拿大的流浪汉让他们永生难忘。他们无法理解像温哥华这样富裕的地方竟然会有流浪汉。加拿大人或美国人认为无家可归是令人遗憾但无可避免的生活面貌，本南族人则遵循古谚，认为穷人会令所有人蒙羞。的确，在他们的文化里，最大的罪过就是"无能分享"（sihun）。

　　本南族缺乏书写文字，所有词汇都永远储存在说书人的脑海里。书写显然是人类历史上卓绝的发明，但本质上就是一种简化，难免会造成甚而助长记忆的麻痹。口说传统则使得记忆更加敏锐，他们甚至像是在跟自然世界进行神秘对话。就像我们在读小说时，会听到每个字的声音，本南族则会听到森林里动物的声音。森林的每道声音都是灵魂之语的要素。树一听到裸喉啸鹟的美妙歌鸣就会开花。从某个特定方向传来的鸟类声音代表好消息，但从不同方向传来就可能是不祥之兆。横斑翠鸟的呼喊、食蝠鸢的叫声，会让整个狩猎队伍打道回营。其他鸟类像是捕蛛鸟则提醒本南族人去宰杀猎物。在动身前往一趟长途旅行之前，本南人必须先看到白头鹰，并听见冠毛雨信鸟呼喊以及赤麂发出吠鸣。

　　这种独树一帜的对话丰富了本南族的生活，但外人却很难理解。但还是有人做到了，其中一人就是曼瑟（Bruno Manser）。这位瑞士籍的行动主义者在本南族中住了六年，后来返回家乡，神秘死亡。曼瑟写道："每天清晨一破晓，长臂猿便会号叫，声音传得老远。森林很凉爽，树冠上方的空气则因阳光照射而变暖，而长臂猿就骑在这片热能边界上。本南族人从来不吃长臂猿的眼睛，他们害怕自己会迷失在地平线上。他们也分不清梦境与现实，如果有人梦到大树干掉落到营帐上，一早便会动身搬家。"

　　不幸的是，曼瑟在 2000 年失踪命运未卜时，森林之声却已转为机械之声。整个 20 世纪 80 年代，当亚马孙雨林的困境受到全球注目时，巴西的生产量还不到热带木材出口总量的 3%，马来西亚则占了将近 60%，大多来自沙捞越和本南族的家园。二次世界大战之后，婆罗洲北海岸才刚开始商业开采，而且是小规模。到了 1971 年，沙捞越每年出口四百二十万立方米的木料，大多来自内地的高山森林。1990 年，年伐量攀升到一千八百八十万立方米。1993 年，我第二次造访本南族，当时光是巴勒河流域就有三十家伐木公司，有些公司配备的推土机多达一千两百辆，在上百万英亩的丛林地中运转，这些土地在传统上都属于本南族和其邻人所有。本南族土地有整整 70% 被政府正式指定为伐木区，非法行动更危害了剩下的大部分地区。

　　本南族的世界在短短一个世代内便天翻地覆。在森林中长大的女人发现自己只能在伐木营地帮佣或卖淫。这些营地的碎石和泥沙混浊了河流，渔猎不复以往。从未得过文明疾病的孩童一住进政府屯垦营地，便倒在麻疹和流感之下。本南族人选择反抗，用藤蔓拒马封锁伐木的道路。这是勇敢却不切实际的作为，用吹箭筒对抗推土机，终究不敌马来西亚政府的力量。

　　政府的立场很明确。总理马哈蒂尔提到："我们的政策是在最终把所有丛林居民都带进主流。无助、饿得半死、为疾病所苦，可是一点也不浪漫。"当时的沙捞越住宅与公卫部长补充道："我们不希望他们像动物那样跑来跑去，无人能剥夺本南族人同化融入马来西亚社会的权利。"

这就是政府的核心立场：游牧民族对这个民族国家来说是绊脚石。为了要解放落后的本南族，政府必须让他们从真实的自己中解放出来。像本南族这样的原住民族阻碍了发展的道路，因此人们得以合理剥夺、摧毁他们的生活方式。于是他们的消逝被视为必然，因为没人觉得这么古老的民族可以在 21 世纪生存。

"我们可以阻止他们进入现代世界吗？"恼火的马来西亚原产业部部长林敬益问道："让他们选择自己想要的生活方式。给他们住在纽约华尔道夫酒店两年，让他们拥有凯迪拉克和冷气，每天都吃上美味多汁的牛排。然后，等他们回去后，让他们选择究竟想要过得像纽约客，或是热带雨林里的原始本南族人。"

事实上，1992 年就真有一支本南族代表团到纽约旅行，虽然就我所知，他们并未住进华尔道夫。12 月 10 日，乌鲁（Anderson Mutang Urud）在联合国大会发表演说："政府说，这会带给我们发展，但我们唯一看到的发展就是漫天尘埃的伐木道路和移居营。对我们来说，他们所谓的进步指的是饥饿、依赖、无助、文化的破坏，还有使我们的族人道德败坏。政府说这是为我们创造工作，为什么我们需要工作？我父亲跟祖父并不需要跟政府讨工作，他们从来没失业过，他们靠土地与森林维生，这是种好生活。我们从来不会感到饥饿或穷困，这些伐木工作会随着森林一起消失。未来十年内，所有工作都会不见，而已让我们繁衍几千年的森林也会跟着不见。"

在 1960 年，也就是我出生后七年，绝大多数的本南族仍以游牧为生。当我在 1998 年回来做第三度拜访时，可能有一百个家族依旧独自住在森林里。就在一年以前，我收到麦肯齐（Ian Mackenzie）的数据，他是加拿大的语言学家，投身于研究本南族语言。麦肯齐证实最后一批家族已然定居。这世界上极其特殊的游牧民族已连根失去生存环境，本南族的传统家园中，西谷米、藤蔓、棕榈树、藤本植物和果树全被压倒在林地上，犀鸟与雉鸡一起窜逃，而当树木持续倒塌，一种道德上具启发性、内在具正当性且轻轻松松便能持续数世纪的独特生活方式，就这样在一个世纪中就瓦解了。

来自佛陀的智慧

我在几年前跟两位朋友里卡德（Matthieu Ricard）和巴马（Sherab Barma）在喜马拉雅旅游。里卡德这位顿悟的作家兼摄影师在四十多年前离开学术界，出家成为西藏僧侣，在巴黎的巴斯德研究院进行分子生物学的进阶硕士研究。十年以来，他既是学生，也是备受敬重的宁玛派钦哲仁波切的助手，而今日他依旧从事翻译工作。巴马则是传统的藏医，他所受的七年训练包括十二个月在山洞内独自闭关，每年也会返回此处冥想一个月。我们三个人在奇翁寺碰面，这所美丽僧院位于尼泊尔喜马拉雅山上，紧倚着山腹，像个燕巢。我们从那儿前往图滇却林寺的圣殿，此处是八百多名比丘和比丘尼的住所，他们将生命献给个人的觉悟以及里卡德所称的"藏传佛教之心灵科学"。这样的说法使我感到困惑，尤其里卡德一度献身科学研究，也曾在诺贝尔医学奖得主雅各布的实验室工作过。

有天早晨他说道："什么是科学，不就是对真相的实证追索吗？佛教不就是两千五百年来对心神本质的直接观察吗？一位喇嘛曾经告诉我，西方科学所创造的所有重大贡献，都局限在人生的次要需求上。我们穷尽一生去追求活到一百岁，为失去一根头发、一颗牙齿而担心受怕。佛教徒则花上一生的时间去试着理解存在的本质。欧洲的广告牌展示穿着内衣的青少年，西藏的广告牌则是玛尼墙，有祝祷文刻于石上，为众生祈福。"

里卡德解释道，佛门之路的本质浓缩在苦集灭道四圣谛中。众生皆苦，但佛陀的意思并不是在否定生命，只是说可怕的事必然发生。邪恶也并不特别，而是事物存在秩序的一部分，是人类行为的结果，或者称作因果。引发痛苦的是无知，佛陀口中的无知不是指愚蠢，而是人类我执无明的妄念。第三谛，也就是灭谛，揭示我们能够克服无知。而第四谛也是最重要的圣谛——道谛，则勾勒出修行方法，告诉我们只要能恪守中道，就能远离一切痛苦，并达到真正的解脱和觉悟。这个目标并非避世，而是避免为世界所奴役。修行的目的不在于消除自我，而是消灭无知，并揭露真实的佛陀本性。本性是被埋起来的珠宝，在众生间闪闪发亮，等待着被发掘。简言之，佛陀的垂示，无非就是提供通向证悟的地图。

　　近一个月以来，里卡德和巴马带领着我走入非凡的朝圣之旅，最终将我们带到珠穆朗玛峰的侧翼。我们的目标并非山峰，而是一位简朴比丘尼的居所。她名为息桑阿尼（Tsetsam Ani）。巴马解释说，她年轻时相当美丽，但后来潜心修道，无意结婚。曾有富商追求她，并企图逼婚，于是她沿着峭壁边的公共茅房爬下逃走，徒步跨越喜马拉雅山，最后抵达西藏，在这里遁入佛门。后来她回到昆布谷的尼泊尔家中，开始了一生的闭关，四十五年来从未离开小房间。她与人有些接触。有人每天送来食物，现在她年纪大了，所以行医的巴马时常帮她做检查。但是基本上，她已将生命奉献给冥想和隐居，她是英雄中的英雄，是真菩萨、智慧英雄，一位获得证悟却还待在生死疾苦轮回、在苦难与无知国度里的悟道人，想要去协助众生解脱。

　　我走近她窄小房间的百叶窗，以为会看见一名疯狂的女人。相反的，木门打了开来，露出的却是一双无比开心的眼眸，伴着光芒与微笑闪闪发亮。她的短发泛灰，身形瘦小却强壮，也只有在她双手合十问候时，我才意识到她真的是位老者。她招呼我们吃甜点，然后立刻为复杂、浮夸而多余的僧侣生活仪式斥责里卡德，她已把她的整个修行浓缩成六字真言：唵、嘛、呢、叭、咪、吽。透过佛陀的内心本质，人可以脱离轮回，并皈依完全的纯净。在这之前，这六个音节代表了六个必须通过的国度。四十五年来，她无时无刻不背诵着这句祈祷文，致力于散播祝福和慈悲。每一口呼吸都更接近她的目标。那不是一个地方，而是心灵状态；不是目的地，而是一条救赎和解脱的路径。

我们跟息桑阿尼共聚一小时，之后就不再打扰她修行。当我们从村里离开时，恰巧与一些前往圣母峰基地营的登山者擦身而过。我们多数人会对这个慈悲女性的作为感到不可思议，有人或许会认为这是浪费生命，但大多数藏传佛教徒却也同样感到难以理解，居然会有人愿意徒步攀登空气稀薄到会让人失去意识的高山。执着地要进入这个死亡领域，冒着失去个人觉悟与脱离轮回的机会的风险，仅仅为了爬山，对他们来说这是痴人愚行，是真正的浪费了一次珍贵的轮回。

佛教徒花费时间去准备迎接死亡的那一刻，而我们却用尽大多数时间假装那一刻并不存在。我们忙得像无头苍蝇，还要与时间赛跑，用物质世界的财富、成就，还有各种证书来衡量、定义所谓的成功。对佛教徒来说，这是真正的无知。他们提醒我们，万物皆有生老病死，所有的财富也如镜花水月。每个时刻都很珍贵，而我们都可以选择要继续执着于旋转木马般的妄想，或者迈向性灵提升的新国度。他们提供了另一种选择，不是教义，而是路径，漫长而艰困，但在很多方面却也很有吸引力。

佛教徒不谈罪恶和审判、正与邪，只谈无知和苦难，全部的焦点都在悲悯上。要在佛陀身上找到慰藉，不需要盲目地信仰，也不需要向全世界传教，说服他人接受他的想法。佛教的核心是一套智慧哲学、一组冥想修行、一条灵魂之路，一条以两千五百年的实证观察和演绎铺成的路，提供觉悟的许诺。在修道中找寻平静，这种实验证明佛教确有一套心灵科学，就像掉落的苹果向我们证明地心引力的存在。要让大家理解我的意思可能有点困难，但这对西藏人来说就是存在。许多西藏人也不相信我们上了月球，但我们真的去了。我们可能不相信他们在此生中得了道，但他们真的做到了。

在《金刚经》中，佛祖告诫现世是短暂的："如梦幻泡影，如露亦如电。"西藏人就是在这种深刻的理解上审度过去，也描绘未来。

守住传说

某些强势的民族用经济军事力量强加自己的意志于他人身上，这种强迫也是伸张知识和文化优越感的故事。正是这股力量驱使人们把进步当作现代化的典范，加以狂热膜拜。他们决心要改变并增进别人的生活，但结果却可能是毁了这些民族与文化。

在肯尼亚北部的凯苏特沙漠，干旱不是严酷的反常现象，而是常态。在干旱中存活下来，对朗迪耶族、山布鲁族、阿里尔族、波然族和加布拉族等游牧民族来说，是根本的求生技能。为了确保血缘延续，豢养足够的骆驼和牛只非常重要，如此至少有些动物能够活过干燥的极旱期，并提供必要资本让家族重建财富。这种责任和义务相当程度决定了社会的结构、形塑了这些民族。族长为了豢养大群牲口，需要生养一大群后代来帮忙，因此这些社会传统上是一夫多妻制。但某些男人娶了数个老婆，却衍生出别的难题：其他处于适婚年龄、有生殖能力的年轻男性没有对象可娶。长老以釜底抽薪的方法解决这个问题：把这些年轻男子派到遥远的营地驻扎十年，负责保护牲口免遭敌人突袭。为了让这个与部落分离的差事具有吸引力，还将之包装成社会地位的象征。公众割礼是青年生命中最大的事件，为了这项仪式，他必须受训好几个月去迎接踏入勇士世界的那一刻。这个仪典每十四年举办一次，那些共同撑过的人会终身结成同伙。如果男孩不敢在包皮上割出九道裂缝，他将使宗族永远蒙羞。但很少有人做不到，因为这可以光耀门楣。

　　勇士在完成身体、社会和精神的转化之后，便移居沙漠。他们住在一起，将长在相思树树荫底下的植物、牛奶及每晚从小母牛颈静脉取出的血混合起来，以此为食。但他们仍有性欲的问题。为了解决这个难题，勇士获准定期回到部落，只要不接近已婚之妇。但他们可以接近未婚少女，婚前性关系是开放且可容忍的，但年轻女性一跟年长男性订婚，便必须停止这种关系。勇士会受邀也应该参加前任爱人的婚礼，并且要公开调侃这位取代他站在爱人身旁的老男人的生殖能力。适应干燥沙漠的挑战在整个文化中回荡，也决定了这些游牧民族的生命意义。

当地在 20 世纪 70 年代和 80 年代出现一连串悲惨的旱灾，邻近的埃塞俄比亚和索马里也因种族冲突和战争而爆发饥荒，国际社会因此开始关注凯苏特和毗邻的亚撒哈拉非洲地区。发展团体认为萨赫尔地区恶化及人民贫困是过度放牧的结果，用学术语言来说，就是所谓"公共牧地的悲剧"：只要土地不属于私人，个体的贪婪便会无可避免地凌驾于群体的利益之上，而解决之道就是私有化，并引进大批来自美国西部的土地管理计划。1976 年，联合国发起一项数百万美元的计划，鼓励部落定居、加入货币经济，并透过贩卖牲口降低牧群规模。这种外部处方呼应了英国殖民政府自 20 世纪 20 年代起试图将部落转换成定居生活的努力，但忽略了显而易见的事实：这些生存下来的游牧民族已经照顾了土地数百年。沙漠就是他们的家，利用动物将牧草与灌木植被转换成蛋白质是最有效的土地利用，也是在沙漠里求生存的唯一方法。协调的过程有赖亲属关系的复杂网络，每个人的权利与福祉都与集体的命运紧密相系。这样的关系太过微妙，外人很难立即理解。游牧民族的天赋，正是在沙漠里生存下去的能力。

当一支天生要移动的民族被迫定居下来，问题就出现了。水源地成了救济营，而这些营地会渐渐变成小城镇，那全是无法自给自足的绿洲。卖掉动物的人变得依赖国际援助机构，这些机构大多发放爱荷华产的玉米一类必须煮熟才能吃的食物，因此仅剩的树就被砍来当柴。那些够幸运的人就想办法把长子送入传教站受教育，打入教会的势力范围。

我在 1998 年行经凯苏特，造访了难民聚落柯尔（Korr）的传教站，碰到优秀的乔治神父，他来自意大利，1975年开展食物救济行动。那时柯尔还只是季节性的营地，朗迪耶族牧人会组成小队伍到这个水源地游牧。一个世纪后，当地已有一万六千人、一百七十口徒手挖掘的井、两千五百栋房子，房子屋顶全以厚纸板、粗麻布及印有国际援助组织名字的金属片盖成。乔治神父苛责自己，他告诉我："学校教育没有让人们过得更好。这是我心头之痛。那些受过教育的人并不想为他们的动物做些什么，他们只想离开。教育不应该是离开的原因，他们应该要回来才对。"

问题出在只有少数人能做到。如同乔治神父所坦承，他们没获得多少识字能力，也只学到某些基本技能，但学校的氛围与教育却教导他们蔑视自己的父亲和传统。他们进学校时是游牧民族，毕业时却是收银员，再往南游荡到了城市，那里官方统计的失业率达 25%，一半以上的高中毕业生没有工作。他们被困在两个世界之间，既无法回头，往前又没有明确的道路。他们在内罗毕的街道上挣钱维生，湮没在肯尼亚首都周边像海无尽蔓延的悲惨景况中。

"他们必须守住传统。传统才能拯救他们，因为这是他们所仅有的。他们是朗迪耶族，应该要维护朗迪耶传统。"乔治神父这么告诉我。

承认其他文化之美

　　人类学家玛格丽特·米德去世之前仍在忧虑我们的世界正在形成一个看似温和、多样，实则单调一致且横扫全球的现代文明。她害怕整个人类的想象力可能会缩在单一智能和心灵模式的窠臼里。她的噩梦不无可能，可能我们有天醒来甚至不记得自己失去了什么。我们的物种已经存在了约二十万年，新石器革命为我们带来农业，我们因此开始有多余的财富、阶层、专业分工和固定居所生活，而这一切不过发生在一万至一万两千年前。现代工业社会的历史几乎不到三百年，如此短暂的时间不可能让我们解决掉接下来的千年里人类此一物种将面临的全部挑战。我们所追求的，不是把人们冻结在时间里。没人能够造出心灵的雨林公园，文化也不是博物馆的藏品，每个文化的成员都是活生生的个体，有实实在在的生活需求。就像布洛迪（Hugh Brody）所写，问题的关键不在于传统与现代的对立，而是人应该有自由与权利去选择想要的生活。重要的是，我们要确保所有民族都能根据自己的主张去享受现代文明所带来的好处，并且避免危害各民族。

　　思考一下，当我们使用**现代性**或**现代世界**这样的词汇时，到底指涉什么，这或许会有所帮助。所有文化都有民族优越感，极度忠于自己对现实的诠释。的确，许多原住民的族名，翻译过来的意思都是"人类"，暗指其他人都是"非人"，是文明国度之外的野人。**野蛮人**（barbarian）一字源于希腊文 barbarus，意思是牙牙学语之人。在古代世界，如果你不会说希腊文，你就是野蛮人。阿兹特克人也有同样概念，认为所有不会说纳瓦特尔语的人都不是人类。

我们自己在文化上也很目光短浅，且常常忘记我们代表的不是绝对的历史浪潮，而仅是一种世界观。所谓的现代性，无论你要称之为**西方化**、**全球化**、**资本主义**、**民主**或**自由贸易**，都不过是我们文化价值的一种表述。这些必然会受到文化影响，绝非唯一正确的历史脉动。这不过是一系列的看法、信念、经济典范，代表一种做事的方法、一种在安排人类活动时处理复杂程序的方法。我们的成就的确相当惊人，我们的科技创新很亮眼，在上个世纪，光是现代科学医药体系的发展，就称得上是人类心血的伟大篇章。在车祸中受到严重腿伤，你不会想要被送到草药医生那儿去。

但这些成就并不会让西方典范更优越，或让西方有权力去不择手段垄断通往未来的道路。如果有人类学家从遥远星球降落美国，他会看到许多美妙的事物，但也会看见这个文化虽然崇尚婚姻，却允许半数婚姻以离婚收场；虽然敬老，但三代同堂的家户比只有6%；虽然爱自己的小孩，却拥抱标语"24/7"——一天二十四小时、每周七天的全天候服务，暗示要牺牲家庭全心投入工作。到了十八岁，美国一般年轻人已经花了两年时间看电视；五分之一的美国人临床诊断为过胖，有60%的人过重，部分原因是有20%的食物是在汽车上吃掉，然后有三分之一的小孩每天吃快餐。这个国家每年制造两亿吨的工业化学制品，国民却吃掉世界上三分之二的抗忧郁药。最富有的四百名美国人所握有的财富，比与他们共享这星球的八十一个最穷国家中的二十五亿人口还要多。美国花费在军备和战争上的金钱，多过最能与美国匹敌的十七个国家的军事预算总和。加州花在监狱上的钱比大学还多。我们迷信生产与消费的经济模型，因此危害到这个星球的维生能力，而那抵消了科技的进步。这种文明适合用**极端**来形容，因为我们用废料污染了空气、水和泥土，并以恐龙消失后地球上就再不曾出现的规模让动植物绝种。拦河筑坝破坏了古老森林，掏空大批鱼群，而我们也几乎不干预那些会改变大气化学和物理成分的潜在威胁。

我们的生活方式在很多方面都很鼓舞人，但却不是人类潜能的完美模范。一旦我们戴上人类学的眼镜，可能会发现所有文化都有独一无二的特质，都反映出许多世代以来他们所做出的选择。人类的生活和命运很明显没有一体适用的发展。如果社会是以超凡的科技能力作为评比标准，西方科学实验的光芒四射与出色高超，无疑稳居龙头。但如果评比标准转变成用真正永续的方式让生命苗壮繁荣，或是对地球真正的崇敬与欣赏，那西方的典范就会败下阵来。如果说最能驱动人类热情的是信仰的力量、精神直觉的能力、能够包容各种宗教憧憬，那我们那些武断的教条又会再次不符合标准。

把自己定义的现代性当作所有人类社会必然的命运，

是非常狡猾的。的确，西方发展的模型已经在很多地方发生重大失败，因为这奠基在谬误的前提上：假设所有遵循这个指令的人都会逐渐达到少数西方国家所享有的物质繁荣。即便这有可能发生，也不一定确实值得追求。要把全世界的能源和物质消费提高到西方国家的水平，以目前的人口预测，到了2100年将需要四个地球的资源。我们要用一个地球做到这件事，就很有可能会严重危害生态圈，把地球破坏得满目疮痍、面目全非。这种价值观左右了大多数的国际社会决策，这不是即将出现的未来，而是世界绝大多数民族面临的现实，这种发展把人跟过去撕裂开来，推进不确定的未来，在世界经济结构的底层苟延残喘，毫无前景可言。

　　细想一下开发典范的关键指标。平均寿命的增加代表婴儿死亡率的降低，但这根本显露不出那些活过幼年期的人过着什么样质量的生活。全球化受热烈推崇，但这到底代表什么？孟加拉国工人收取微薄工资织出的成衣在美国或加拿大要卖数十美元。在美国贩卖的玩具和运动商品，有80％出自中国的代工厂，那里有数百万人的薪资低到每小时四块钱新台币，有四十万人每年因空气污染而过早死亡，四亿人无饮用水管线可接，因为河水掺满了工业毒物。《华盛顿邮报》报导说：在巴基斯坦的拉合尔，扎伊尔德在供货给美国成衣品牌的工厂中缝制衬衫和牛仔裤，每个月赚八十八美元。他们全家六口住在单人房中，共睡一张单人床，巷子里全是污水与垃圾。但他现在赚的钱是上一份工作的三倍，因此他也成了全球化的样板楷模。

　　毫无疑问，舒适与富裕、科技进步的意象具有磁铁般的诱惑力。城市里的任何工作看起来可能都好过在烈日下土地上挥汗如雨的劳动。我们可以从很多例子中看出，世界各地的人都陶醉在新希望下，自愿且认真地转身向旧事物道别。但就如我们在肯尼亚所见，他们的结局可能会非常令人失望。这些跟传统切断连接的人，绝大多数的命运都不是获得西方的繁荣，而是加入众多城市穷人的行列，被困在脏乱中勉强糊口。当文化凋零枯萎之后，人们依旧活着，却成了过去的幽灵，陷入两难，无法回到过去，却也没有真正的机会一圆赶上西方的梦想，既无法实践他们效尤的价值，也不能创造他们渴望的财富。这制造出一种危在旦夕的处境，因此，多元文化的困境不仅牵涉怀旧或人权，更是地缘政治稳定和生存的严肃议题。

　　如果要我从梅西公民讲座中浓缩出唯一的信息，那就是：文化不是微不足道的。文化不是装饰或艺术品，也不是我们唱的歌，或我们吟诵的祈祷文。文化是一张舒适的毛毯，赋予生命意义，也是一套完整的知识，让个人能够从无穷无尽的生命经验中寻找价值，并在不具意义与秩序的宇宙中创造属于自身的意义与秩序。文化是大量的定律与传统，是道德伦理规范，能将人们与野蛮之心隔离开来，而历史显示，野蛮之心就只是在全人类社会乃至全人类的表面之下。如同林肯所说，单凭文化，就能使我们触及天性较美好的那一面。

如果你想知道文化与文明的约束消失之后会有什么结果，只要环顾世界并思考上世纪的历史就知道了。人类学认为，当民族与文化受到挤压的时候，乖谬而始料未及的信念通常会激发出极端的意识形态，即使所谓的**复兴运动**这种荒唐而又误导人的学术名词或许立意良善。在牙买加，三百年的殖民主义一结束，就爆发独立后的经济萧条，大批年轻人住在金斯敦的简陋小屋里，里面或许充满了太多大麻；拉斯特法里信徒将塞拉西这名二流的非洲暴君形容为"犹大之狮"，这看法异于常人，但终究无害。

但大多数时候，复兴运动对追随者或反抗的对象来说，都是致命的。19 世纪与 20 世纪交替之际，中国义和团要做的可不只是阻挡鸦片贸易或驱除外国人。义和团拳民站出来，是为了回执西方人对古老国家的羞辱。中国长久以来作为已知世界的中心，竟在一个世纪内就被不知名蛮夷登门奴役。屠杀传教士是不够的，他们用赤裸裸、原始的手法支解尸首，把首级展示在长矛上。

在柬埔寨，波尔布特于国内遭法国人羞辱，出国到巴黎念书时也同样被践踏，于是打造了复兴高棉帝国的幻想，清洗掉所有西方事物，只保留将屠杀合理化的必要意识形态。于是乎，当宏伟的 12 世纪吴哥窟寺庙在内战期间逃过被摧毁的命运时，那些戴着老花眼镜或手无缚鸡之力的学者、诗人、商人和传教士，全都在屠宰场被铲除殆尽。

在刚果民主共和国，军方把有系统的强奸当成恐怖武器，是战争中唯一贯彻始终的战略。而在乌干达，无父无母的青年民兵以耶稣之名蹂躏掳掠。在利比里亚，因嗑药而神智恍惚的裸体孩童以"光屁股大队"的名号加入战役，这个狂热组织由军阀布雷希所领导，他以救世主自居，让他们相信他的撒旦式力量会让他们所向无敌。在十四年的内战中，他们屠杀、奸淫且吃下数千人。恢复和平之后，人称"光屁股将军"的布雷希将自己重新包装为福音传教士，并开始在利比亚里首都蒙罗维亚的街道上寻找信徒与救赎，至今他仍居住于此。

在尼泊尔，乡下农夫重拾斯大林当年的论调。秘鲁的"光明之路游击队"如果承袭的是印加文明后裔阿玛鲁的精神，像 18 世纪的原住民那样反抗，不再蔑视那些自己号称要代表的原住民族，或许就能实现初衷，重振国家。利马在 1940 年有四十万人，如今挤入了九百万人，而且绝大多数是穷人，住在炙热的沙漠中。

"基地"组织拥护者活在两个撕裂的世界间，以传统历史来合理化自己的耻辱与仇恨。他们是伊斯兰文化中的毒瘤，既不全然属于此信仰，却又纠缠不清。他们就像身体上的癌细胞，必须割除。与此同时，我们必须努力厘清"基地"组织及其他类似运动的根本原因，因为合法权利被粗暴侵害的情况，在世界各地那些愤恨不平的族群中随处可见。

我们活在一个瓦解的年代。民族国家在 20 世纪初有六十个，今天则有一百九十个，但大多数都贫穷而极不稳定。真相在城市中表露无遗。全世界各地都有数百万人为了城市化及其赋予的全部希望而住进脏乱中。墨西哥市和圣保罗的人口数量不明，也可能多到无法统计。亚洲则有许多千万人口的城市，虽然大部分西方人都叫不出名字。接下来的二十年，世界人口会从六十亿成长到八十亿，这些新增人口有97%会出现在个人一天平均所得不到两美元的国家。

如同哈佛社会学家贝尔（Daniel Bell）所写，民族国家已经小到不足以处理世界的大问题，又大到无法处理世界的小问题。在主要工业国以外，全球化并未带来整合与融洽，反而带来改变的大爆炸，将语言和文化、古老的技艺与富于想象力的智慧横扫一空。

我们其实可以避免这样的事。承认其他文化之美并不代表就要贬低自己的生活方式，而是带着一点谦卑去承认其他民族尽管可能不那么完美，却同样都对人类的集体文明有所贡献，丰富了我们的观念、信仰、求生技巧，且过去的历史已经证明这些宝贵的遗产确实能帮助人类繁衍茁壮、生生不息。一旦明了这个道理，我们就能真心感受到任何一种语言、任何一个民族的消失都是悲剧。失去一种文化，就是失去我们自己拥有的一些东西。

被强迫改变的文明

若干年前，我在婆罗洲跟老朋友奈立克（Asik Nyelik）坐在火堆旁，他是乌邦河（Ubong River）本南族的酋长。森林里下了一整天的雨，终于停了，奈立克猎到一头赤麂，砍下头，放在我们脚边的炭火上烤着。云开雾散，一轮满月射穿树冠，照亮我们的营帐。奈立克望着明月，无意间问道，是不是真的有人登上了月亮，然后只带回一篮石头？如果他们真的只找到那些东西，又何必大费周章？要花多久时间、用什么交通工具？我真的不知该如何跟一个用打火石生火的人解释这项耗费近百万兆美元将十二人送上月球的太空计划，也不知要如何解释在太空旅行几十亿公里后还真的只带回了三百七十五公斤的岩石和月球粉尘。

但奈立克这个问题的答案，在某方面来说也很简单。我们上太空不是去攫取财富，我们去，是因为我们做得到，我们会好奇，而我们带回来的是比金银财宝更有价值的东西——生命本身的新视野。1968 年的圣诞夜影响深远，"阿波罗" 8 号从月球阴影面升起，月球上方浮出一颗小而脆弱的星球，飘浮在丝绒般的虚无太空之中。这不是日出，也不是月球的阴影，而是地球升起了。这个影像比无数科学数据都更能显示我们的星球是个有限之地，一颗孤单但内部充满生机的球体，由空气、水、风和泥土组成的活生生有机体。第一位在太空漫步的宇航员马斯格雷夫曾告诉我，只有卓绝的科学技术才能使这个景象成为可能，但你看过那幅景象后，回头想想我们是如何麻木不仁且冷漠无情地对待地球这唯一的家园，就会感到真正的恐惧。他补充道，然而我们也可以充满信心地期待新时代的来临，因为所有民族和国家势必都要有所改变。

他们真的这么做了。不过是四十年前，光是要求民众不要再将垃圾丢出车窗外，就被视为是一场环境大胜利。

雷切尔·卡森是荒野中的寂静之声。不过在十年前，警告全球暖化严重的科学家还被斥为极端分子，今日则是那些质疑气候变迁重要性的人成了政治极端分子。我还是研究生的时候，**生物圈**和**生物多样性**这样的词是很罕见奇特的术语，只有少数科学家熟悉，在今天则成了学校孩童的词汇。光在过去三十年就有上百万种生命形式灭绝，生物多样性的危机因而受到注意，成了我们这个时代的核心议题。尽管重大环境危机的解决之道依旧难以实现，世界上没有政府能够忽略这些危机的威胁之广或困境之危急。

这代表着人类不再将科学奉为唯一的准则，这是文化优先次序的重新洗牌，不仅在历史上有重大意义，也为地球的未来带来乐观的希望。

大家对文化的看法与评价也有类似的转变，而且为时尚不晚。加拿大在很多方面带头成为多文化国家的成功典范，这个民族国家也开始承认过去的错误，并寻求适当的赔偿方式，甚至已在擘画一条前往多元社会之路。当我在北极旅游时，就看到了这一点，尤其是在努纳武特这块相当于西欧的广大新领土目前已由两万六千名因纽特人掌握行政权。除了哥伦比亚是可能的例外之外，我想不出有其他民族国家做过类似决定。努纳武特的存在，就是对整个世界做出最有力的声明，显示出加拿大认知到独特的种族、原住民并不会阻碍国家命运。相反的，只要有机会，他们对国家也能有所贡献。他们文化的存续并不会危害民族国家，如果该国愿意拥抱多元文化，这些文化其实有助于丰富民族国家的内容。他们并不是现代性的失败尝试，也并非不知为何就错过历史科技列车的边缘民族。反之，这些民族拥有独特的梦境与祈祷、神话和记忆，这些教导我们，存在确实有其他方式，对于生存、新生、死亡和万物，都可以有其他观点。当一个民族国家准备好去接受这个事实时，对世界上所有民族来说当然是极大的鼓舞。

当你思考一下加拿大人走了多长的路才重新界定了这种关系，这种想法的力量就会显得更加强大。特别是对因纽特人来说，原本的文化冲突造成了强大伤害。当英国人第一次抵达北极时，他们把因纽特人当作野人，而因纽特人则把英国人看作神明。他们都错了，但其中一边比较尊敬人类。因纽特人的科技只足以让他们在象牙、骨头、鹿角、滑石与石板上雕刻，但他们却仍然可以在北极生存下来。这是何等不可思议的天才！可惜英国人不懂得欣赏这一点。雪橇下方的冰刀原来是用鱼做成的，三尾北极红点鲑排成一排，包裹在北美驯鹿的毛皮中冷冻着。因纽特人不怕寒冷，而是善用寒冷。

欧洲远征队仿效他们的方法，在探勘方面达到卓越的成就，没这么做的人则以悲惨的死亡收场。富兰克林勋爵的手下就在阿德莱德半岛的饥饿湾冻死的。他们僵死在雪橇的缆绳上，雪橇以铁与橡木制成，重达两百九十五公斤，上方还载着三百六十三公斤重的平底渔船，装满了英国海军军官的家当，包括银制餐盘，甚至还有一本小说《威克菲尔德牧师传》。他们或许想要把这些东西拖过冰川，穿越广大北方极地森林，还眼巴巴地以为能够遇上另一艘船，或者找到哈德逊湾公司的前哨基地。

相较之下，因纽特人则是轻装在陆地上移动。我曾经与几个从北极湾来的家庭在巴芬岛顶端克劳福角（Cape Crauford）的狩猎营中待了几天。每年夏天六月，在地球上最壮观的动物迁徙中，有一千七百万头海洋哺乳类动物返回北极，通过兰开斯特海峡的汪洋。切开巴芬岛北海岸的阿德莫拉提峡湾依旧冰封，猎人沿着浮冰边缘冰海交界处游走，倾听混着海风的鲸鱼呼吸。在某个白天或晚上（六月的太阳永远不会落下），纳奇塔维克（Olayuk Narqitarvik）跟我说了一个传奇故事，那是在 20 世纪 40 年代到 50 年代，这个国家历史上的黑暗时期，加拿大政府为了在北极建立主权，强迫因纽特人迁入指定定居处，有些例子还是将所有人口从他们的家乡移居到几百公里外。那时有个老人拒绝离开，他的家人担心他的安危，于是拿走他的所有工具和武器，如此一来他就不得不离开这片土地。老人在冬天暴风雪中走出冰屋排便，将排泄物磨成一把冰刀，接着吐了一口水，让冰刀变锋利。然后，他用这把以寒冷锻成的粪便刀杀死一只狗，把狗的胸腔做成雪橇，把皮毛套在另一只狗身上，消失在黑暗中。虽然这个故事很可能是杜撰的，但我真的在丹麦探险家弗洛全（Peter Freuchen）的极地日记中找到这样的器具参考文献。不论是真是假，这都是因纽特人的创造力与灵活变通的绝佳范例，让他们得以生存的文化特色。

最近我在前往北极的旅途中回想这件事。那次我和加拿大导演格雷格（Andy Gregg）跟着泰欧·伊库玛克（Theo Ikummaq）和约翰·阿那席克（John Arnatsiaq）还有一群伊格卢利克猎人前往海洋浮冰寻找北极熊。我们行进至离岸约一百五十公里处，在酷寒的风中，温度徘徊在零下五十摄氏度左右。我们的雪地摩托车拖曳着满是货物的雪橇，撞上恶狠狠的冰块，失控旋转，强大的冲力撞飞了驾驶员与摩托车，其中一块滑雪板扭曲成八字形，另外一块则完全扯裂。然后我瞠目结舌地看着泰欧和约翰把金属敲平，用来复枪近距离在金属片上炸出四个洞，用一个小铁块充当螺丝钳，从曲棍球杆上找来一块薄金属片，然后在二十分钟内把所有机件全组装回去，入夜后我们便继续上路。几天后，驾驶员才一派轻松地提到他在那场意外中摔断了一只脚掌。

泰欧和约翰从小一起长大，而他们的生活在很多方面都是 20 世纪因纽特人故事的缩影。伊格卢利克是今日努纳武特的文化中心，在历史上罕与外面世界接触。1821 年到 1822 年间，佩里[①]跟英国海军的两艘船在岸外冰洋里过冬。1867 年还有 1868 年，美国探险家霍尔在找寻富兰克林远征队的生还者时也经过此地。法裔加拿大探勘者特朗布雷（Alfred Tremblay）在 1913 年时短暂造访此处，弗洛全也在参与罗穆森（Knud Rasmussen）的第五次北极远征队时

[①] 佩里（William Perry, 1790—1855），英国海军上将暨北极探险家。——译注

到过这里。但当时欧洲人的活动范围都仅止于此。

1880 年，英国人正式把北极交给加拿大人统治，但伊格卢利克第一次与外界有持续性的接触，则是在 20 世纪 30 年代天主教传教士抵达之时。传教士的当务之急是破坏萨满巫师的力量与权威，萨满巫师是文化中枢，是因纽特人跟宇宙双方关系的核心。传教士为了巩固西方文明，劝阻当地居民使用传统姓名、歌谣和语言。一如既往，货品贸易显然具有诱惑力，会把人吸入教会，让人背离土地。在 20 世纪 50 年代确立职权的行政当局鼓励这个过程，犬瘟热大流行则让当局能够将对因纽特狗只的大批屠杀合理化。

20 世纪 60 年代初期引进的雪地摩托车，进一步加强当地人对货币经济的依赖。家庭津贴的发放得视小孩上学的情况而定，创造出另一个定居诱因。政府也进行人口普查，但因为因纽特人的名字难以誊写，他们用号码来分辨因纽特人、核发身份牌，接着最后实施"取姓行动"，这个诡异的工作是指定姓氏给从来没有这些姓氏的人。不少因纽特狗被登录为加拿大公民。最后一击在 20 世纪 50 年代，当时正在与肺结核搏斗的政府把所有因纽特人撤到医护船上检测。若检查结果是阳性（五人中约有一人），就立刻用船送往南部治疗，而很多人再也没回来。对被撤离的人以及留下来的人来说，心理的冲击都非常强烈，而那些被迫与就学的孩子分离的父母，也有不下于他们的惨痛经验。泰欧和约翰在六到八岁的时候被送往南方八百公里外，进入柴斯特菲小湾的寄宿学校就读。他们在这个不准说母语的学校待了七年，而泰欧还曾经被神父侵犯。当他们终于获准返家后，家人立刻把他们带回大地的怀抱，今天的泰欧将其形容为救援任务。几年后，他回忆道："他们将我们变回因纽特人了。"

他重生的高潮是一趟狗拉雪橇的壮游，从伊格卢利克横跨巴芬岛共一千八百公里，从北边沿着埃尔斯米尔岛岸边走，然后跨过史密斯海峡，抵达格陵兰。泰欧觉得他可能有亲戚住在这个世界最北栖息地卡纳克的小型因纽特部落中。结果还真的有，他们全都是传奇萨满巫师奇拉苏雅克（Qitdlarssuaq）的后代，是六个家庭组成的游群。他们在19世纪50年代往北迁，花了整整两年才抵达格陵兰，而泰欧以两个月的时间完成这趟旅程。我和格雷格邀他一起回去，搭包机只要六个小时。飞机飞越巴芬岛时，我们从泰欧的表情看出事情不太对劲。那时是四月天，而我们的飞行航道正带着我们往北极南边十二度的方向走，结果海冰不见了。泰欧曾驾着雪橇横越的史密斯海峡现在是一片汪洋，他不敢置信地凝视着机窗外，一滴泪珠在他眼眶里打转，他自言自语说："冰层应该要在十月就结冰了，今年却到二月才结冰。伊格卢利克本来有知更鸟，但我们现在连跟鸟群说话的机会也没有。"

因纽特人是冰之民族。身为猎人，冰是他们的生存之道，而其民族性与文化的核心也受到冰的启发。厄尔利奇（Gretel Ehrlich）在格陵兰跟北极因纽特人住在一起八年，她指出，正是冰的本质样态，也就是冰随着四季移动、后退、融化和重组的方式，让因纽特人的心与灵魂那么灵活。"她解释道，"他们对永恒没有幻想，没有时间去后悔，绝望则是违反想象的罪恶。他们在旷野中求生存，因此情感比都市人还要丰沛。他们每天都在跟死亡打交道。为了生活，他们必须杀了最爱的东西。冰上的鲜血不是死亡之兆，而是对生命的肯定。吃肉成了圣礼般庄严的经验。"

我们降落时，厄尔利奇在卡纳克等着我们。同行的还有她在北方的心灵导师詹斯，他壮硕如熊，有宽广的心胸及猎人的精湛技巧。跟泰欧一样，詹斯也用狗完成壮游，但他的情况是回溯罗穆森第五次极地长征的路线，一路从格陵兰横越加拿大顶端到达遥远的阿拉斯加。在詹斯、泰欧这两位好手的陪伴下，我们计划要花两个星期在凯凯塔苏瓦克岛西岸后方打造冰上狩猎营，离卡纳克有两天行程。我们要靠狗拉雪橇到那边。所有在北极的因纽特部落中，只有卡纳克早已禁止使用雪地摩托车。他们的智慧让他们发现保有雪橇狗才是他们的文化支柱。狗儿能够松绑这些家庭的货币经济桎梏，也让每趟旅程可以无远弗届。猎人的技术因狗而精进，因为他必须源源不绝提供肉食，而狗也让人在夜里安全无忧。如詹斯所言，如果你是狗的主人，你就是生命的主人。

经历过叮叮咚咚地在雪地摩托车拖行的雪上以高速奔驰数百公里，搭配着刺耳的引擎嘎嘎声之后，用狗队缓慢却平稳的步调前往春天冰层，还真是美妙的享受。这是场梦境般的活动，是一首钢制冰刀划过柔软雪地的寂静之诗。土地看起来像是从地平线升起，我不知为何想起双身独木舟和寻路人，以及奈诺亚常说独木舟是从不移动的神圣中心，船只是等待岛屿自己从海中冒出来。泰欧和詹斯就是领航员，他们不只是地形的导航员，也是文化存续及民族的导航员。泰欧早在一个礼拜之前就告诉我，你不可能在北极迷路，当时猛烈的暴风雪遮住了天空，我们八人不得不在三平方米不到的夹板屋里瑟缩三天。当泰欧在烹煮北极红点鲑鱼时，詹斯一一回想他杀掉的二十一只北极熊，以及一打让他九死一生的熊。你要做的事就是读雪。盛行风会把所有漂流物都吹得朝向西北，大小皆然。在黑暗中，就算是高速奔驰，泰欧只消把脚放在地上，就知道自己正在前往何方。

　　我们一抵达凯凯塔苏瓦克岛，便发现狗的功能有限，因为冰层中有庞大开阔的海水裂隙，我们必须上船狩猎。詹斯相当震惊，他从来没在四月天看见汪洋。在因纽特语中，sila 这个字同时有天气和意识的意思，天气将动物带来或带走，能让人生存也可致人于死。詹斯解释说，冰层过去会在九月结冰，然后持续冰冻到来年七月。结果现在十一月才结冰，到来年三月就不见了。狩猎季节在一个世代中被活生生砍了一半。厄尔利奇告诉我，去年夏天她跟着詹斯一起去猎捕独角鲸，每天都下雨。有天下午他们独自站在陆岬看着大海。詹斯说道："这不是我们的天气，这天气从哪里来的？我不了解。"

这是北极的悲剧，但也有可能是转机。这支民族忍受了这么多苦，传染病、寄宿学校的羞辱和暴力、社会福利体系固有的贫穷文化、暴露在毒品和酒精中导致自杀率高出加拿大南部六倍之多，现在他们就处在政治、社会及心理文化重生的前夕，却发现他们还要面对无力可挡的力量。冰层正在融化，随之而来的，很可能就是生活方式的消融。

当下环境危机的缘由

祸兮福所倚。2008 年，人类首次变成主要居住在城市的物种。在 1820 年，唯有伦敦的人口超过一百万，今天却有四百一十四个城市达到同样或甚至更大的规模，而且在三十五年后，人口统计学家预测会超过一千个，其中有许多城市都是照着尼日利亚旧都拉各斯这种地方的模式走。拉各斯在 1955 年有四十七万人口，到了 2015 年，预计会有一千六百多万人。城市居民被隔绝在都市空间里，有许多情况甚至是早就住在有毒的环境中，这些人不会最先注意到全球气候变迁后果。将近十五年前，我跟因纽特的长老库努坐在巴芬岛的岸边，看着他小心地用象牙海鸥的羽毛清理雪地摩托车引擎的化油器。他不会说英文，而我不懂因纽特语。在纳奇塔维克的翻译下，库努告诉我整个北极的天气已经变得有点古怪，太阳一年比一年热，而且根据他的说法，因纽特人第一次罹患由空气导致的皮肤病。

人们才刚开始感受到气候变迁的影响，大气层的二氧化碳浓度达到六十五万年来的最高峰，海洋正在变暖变酸，作为海洋食物链基础的浮游生物，数量从 1960 年起减少了73％。

各处的天然栖地都受到威胁，安第斯山脉云雾森林、亚洲西伯利亚大草原的牧地、亚马孙的低地雨林，还有从"非洲之角"到毛里塔尼亚大西洋岸边的整片亚撒拉哈沙漠干燥带。世界上有一半的珊瑚礁不是已死就是在垂死挣扎。在目前所知的范围内，北美史上最严重的虫害破坏了美国西边的数百万公顷森林，光在英属哥伦比亚就有超过十三万平方公里的扭叶松遭殃，现在更蔓延至埃布尔达省，威胁到亚北极的北方森林。在太平洋和印度洋，马尔代夫等岛国为了应付海平面剧烈上升的风险，已经制定紧急应变计划，撤离所有人口。

但最急迫的威胁，可说是出现在高山冰原这些所有世界大河的诞生地。在青藏高原，这个黄河、湄公河、长江、雅鲁藏布江、怒江、象泉河、印度河和恒河的源头，至少从 1950 年起，消融的雪比积雪还要多。这些冰河不只河沿退缩，也里里外外不断融化。依保守估计，60％的中国冰河会在这个世纪结束以前消失，而全球有一半的人类仰赖这些河流。光是印度次大陆就有五亿人的用水取自恒河。对八亿（2016 年已达十三亿。——编者注）印度人来说，这条河是"恒河母亲"，是河流中最神圣的一条。干季时，恒河有整整 70％的河水来自根戈德里冰河，而这条冰河正以将近每年四十米的速度后退。就目前的预料，如果该冰河完全消失，恒河在我们有生之年将成为季节性的河流。无人胆敢预测这对印度经济、政治和心理的影响。印度在2007 年发生了一场暴动，只因当时有几百位朝圣者发现，位于海拔三千八百米处、印度教的神圣神殿阿玛纳斯石窟里数代以来被视为湿婆神神圣形象的阴茎形状石笋冰柱已经融化。

　　这场危机的凶手根本不是遍及世界各地的高山民族，然而他们不但在生活中目睹气候变迁的冲击，还为问题负起责任，而且通常是视为己责，让我们许多人感到汗颜。供养南美洲西海岸的净水有八成来自安第斯山脉的冰河。冰河以非常显著的速度后退，前往星雪祭的朝圣者相信是因为山神发怒了，他们无法把冰从西纳卡拉再带回部落，而唯有把冰带回来，才能完成朝圣之旅的神圣循环，让每个人都受惠于天赐的恩典。在哥伦比亚圣玛尔塔内华达山脉中，玛莫祭司观察到每季的雪与冰原节节后退，而这些对他们来说就是世界的心脏地带。他们也注意到鸟类、两栖类和蝴蝶的消失，还有正在逐渐干涸的帕拉莫高原也出现不同的生态特质。他们已经增加宗教仪式和政治活动，也正式呼吁"小老弟"停止破坏世界。在坦桑尼亚，查加族抬头看着在一个世纪内就失去80%山顶积雪的山，不知道他们的土地接下来还会发生什么事，若乞力马扎罗火山不再闪耀在这块古老大陆上，非洲还是原本的非洲吗？

不可失去的古老智慧

本书内容都在探问"为何古老智慧对现代社会很重要"。这个句子有点瑕疵，因为这似乎暗指如果他们真的很重要，是因为我们遇见的这些优秀民族都是被困在时间里退化的古老之音，充其量只能在当代生活中扮演含糊的咨询角色。事实上，所有我在本书中提到的文化：藏族、闪族、阿尔瓦科族、韦瓦族、高基族、基奥瓦族、巴拉萨那族、马库那族、本南族、朗迪耶族、塔尔坦族、吉特克桑族、威特苏威登族、海达族、因纽特族和波利尼西亚的所有民族，都还非常活跃，不只在为他们的文化存续奋斗，也参与决定未来地球上生活样貌的全球对话。目前有一千五百种语言聚集在因特网上进行交流，数量每周都在增加。为什么他们的声音应该被听见？原因很多，其中许多我至少已经间接在本书中略微提及。但总结来说，就是全球变暖这几个字。世上还没有哪个重要科学家开口质疑这个危机的严重性与效应，或去质问是什么因素、决策和价值取向导致全球变暖。全球变暖是某个特定世界观点带来的后果。就像哈特曼（Thom Hartmann）所说，三个世纪以来，我们已经耗尽世界所拥有的古老日光。我们的经济模型应该是圆形，但却变成凸起或箭头式。在一个资源有限的星球上追求无限的经济成长，还把这当作幸福繁荣的唯一指标，这无异是集体的慢性自杀。在追求经济利益与制定政策时否认或蔑视对生态系统可能造成的伤害，是在自欺欺人。

这些声音都很重要，只要我们还可以听见，就代表这个世上真的有替代方案，人类还有其他方法能够适应社会、精神和生态的空间。我并不是在建议天真地放弃一切，然后试图模仿非工业化社会，或者要求任一种文化放弃受惠于高科技的权利，而是要目视现在走的这条路不是唯一可行的路，并从中获得启示及宽慰，我们的命运也不必由这一连串在论证上与科学上都证明并不明智的选择来决定。世界的文化多样性确实存在，这是那些声称人不能改变的有力反证，证明了他们的愚蠢。我们都知道必须这么做，这是居住在这个星球的根本之道。跟我一起登山的朋友曾说过，登上珠穆朗玛峰最美妙的事情，就是领悟地球上竟有这样的地方：你一早起床，绑好鞋带，快走，一天内就能进入空气稀薄到人类无法生存的地方。对他来说这是天启神示，他对这层让人类得以生存在地球上的薄薄大气有了全新的看法。

在路上

几年前我踏上旅途，从廷巴克图往北飞一千公里进入撒哈拉沙漠，最后抵达陶代尼的古老盐矿区。我和几个朋友和同事走在骆驼商队的路线上。骆驼商队曾经是西非贸易的主要动力，在葡萄牙人找到航线越过贝宁湾、西班牙人发现并搜刮美洲的财富之前，欧洲有三分之二的黄金是从加纳和非洲海岸经撒哈拉移往摩洛哥的，总计要走上五十二天。廷巴克图位于马里，距离尼日河大弯道北方约一天路程，因而成为西边沙漠最重要的口岸。当巴黎和伦敦都还是中世纪的小城镇，廷巴克图是拥有十万人的繁盛中心，有一百五十所学校和大学，还有两万五千多个学生在研读天文学、数学、医学、植物学、哲学和宗教，是足以与大马士革、巴格达和开罗抗衡的伊斯兰文化及知识中心。古希腊知识能够存活下来并启发文艺复兴，是因为有伟大的伊斯兰学者如阿维森纳的记录及保存，他的作品让圣托马斯认识亚里士多德和他的哲学思想。我在廷巴克图手握一份饰有黄金浮雕的文件，正是13世纪从阿维森纳写于1037年的手稿复制过来的。

今天的廷巴克图却几乎被人们遗忘了，既干燥又满是沙尘，极度炎热。1914年，法国人在掌控这个城市时没收了古代手稿，以坐牢威胁学者，并教导孩子他们的祖先不是阿拉伯人或柏柏尔人、塔马奇克人或图阿雷格人，而是高卢人。他们也追逐制盐贸易，让市场涌入马赛的便宜海盐，目的不是出于经济竞争，而是因为传统贸易有其象征上的重要性。托德尼的盐是撒哈拉沙漠的黄金，因为有疗愈的特性，在整个西非地区相当受到珍视，而随着盐的贸易而形成的移居文化也成了这个民族的特色。阿拉伯男孩必须餐风宿露跨越沙漠，二十天来每段路都得靠着骆驼走过，否则他不能结婚，或者不能被视为男人。廷巴克图的老教授欧德（Salem Ould）形容这趟旅程是耐力的考验、体力与精神的蜕变过程，让这个孩子能够成为自己意识的主人。

他说："年轻人在漫无止境的沙海中了解到天外有天，他只是宇宙中的小分子，有一种更崇高的存在管控这个世界。这唤醒了年轻人寻找的渴望。他们一走到盐矿地，便召唤造物主的神圣之名。沙漠磨出了他们的虔诚奉献。"

我们旅程的向导是可敬的长者欧玛，他曾经仅靠无线电听对方描述所在位置的沙子气味与颜色，成功找出失联的军团，扬名天下。这个故事并不令欧德教授感到意外。"他们了解沙漠就像水手了解大海。起风时，他们就能知道这是什么风。云层一聚集，他们就能够闻到雨水的味道。渴了，就能辨识出水的气味。他们跟骆驼建立了两千年的信任关系，因此知道自己可以闭上眼睛，然后骆驼就会带着他们回家。几个世纪以来，曾经跨越撒哈拉沙漠的人都知道这其中的知识。"

我们开着吉普车往北前进，疾驶过这片地面坚硬泛白的平坦盆地，欧玛有时会发狂似的指出这条路那条路。当我们慢下来小心翼翼地通过柔软沙地或在井边取水时，他留意沙丘的走向、沙子的颜色与质地、风在沙漠植物背风面吹出的纹路。他带着一只老旧的法国军事指南针，偶尔躺成大字形测量方位。不过，他真正的指南针显然是在他的心中。在被问到是否迷过路的时候，他回答说，在沙漠中订定方位是罕见的天赋，如果他曾经有不太确定的时候，他就只是站着不动，然后等待真主阿拉的指示。

接下来几天发生了两件奇特的事。盐矿本身就像《圣经》中的场景，一堆堆挖出的废土丘在古老河床的平坦地平线上堆积了数公里。男人打着赤膊，用十字镐将厚厚一片盐块从地下矿坑长得像洞穴的裂缝中凿下，皮肤因盐粒而裂开。我们同行的图阿雷格人穆罕默德看了一眼说："我不会带我太太来这里。"我问这群男人的国籍，他们回答说："这里的人不分国籍。"

我们在最后一天遇见一名坐困愁城、债务缠身的男子，他虽然比我年轻，身体却因在矿坑中待了二十五年而饱受摧残。他独自住在用粗盐砖盖成的小房间内，唯一的财产就是生锈的油桶和破烂的连帽斗篷，一件粗糙羊毛披风加上头巾保护并遮盖着脸。他有对羚羊般的眼睛，在季节性盐矿整整八百年的历史中，他是唯一已知在此处待上一整个夏天的人。他靠夜间工作求生，然后在黎明来临前溜到远处的井边，在那种能把沙化掉的温度里独坐一整天。让他受苦已久的债务比在多伦多一家高档餐厅的晚餐花费还少，但这笔债款已让他与家人分离了二十年。我和瑞尼尔给了他钱——很谨慎而不冒犯。他只说**感谢主**。当我们离开小屋，一场沙尘暴呼啸过盐矿场，像一层薄纱罩在他身上。我们从来不知道他故事的真假，或者他是否有挨打或被抢，抑或其实是意外买到了他的自由。

在返回廷巴克图的路上，我们碰到一组先前北上时就遇见的商队。当我们抵达托德尼时，一场怪异大雷雨捣毁了营帐，看来那雷雨显然也横扫了全国。盐一旦湿掉就会粉碎，然后价值尽失，这些年轻人只好停在沙漠中晒干盐块。等到和我们再次相遇时，他们只剩下最后一两公升的水。这六个男性距离最近的水井有一百五十公里，身边是珍贵货物以及二十多只相当于家族所有财产的骆驼，但他们一点都不恐慌。我们停车后，看到他们有位同伴和一只骆驼仿佛海市蜃楼般在东方地平线上闪闪发亮，显然他们知道地底下有个坑洼，大概在二十五公里外，只要掘到足够的深度就可能有水。

如果没有食物，身体大概能撑个几星期；没有水，就只能活几天。在沙漠中如果没有水，入夜就会精神错乱，隔天早上嘴巴便会大张迎向风沙，甚至双眼也会看不清现实，肺部还会发出奇怪的声音。撒哈拉沙漠中的货车走私犯建议，刹车油是不错的选择，除非你想喝电瓶的硫酸。

在我们等待这群人的朋友回来时，领队穆罕默德用树枝生了火，以仅剩的储水泡茶给我们喝。据说在撒哈拉沙漠，帐篷前一旦有陌生人出现，你连那只唯一能喂养小孩羊奶的山羊都要宰来款待客人。没人知道你说不定会在哪个夜里出现饥寒交迫、口干舌燥，又需要落脚处。我看着穆罕默德倒茶给我，心想，正是这样的时刻，让我们继续保有希望。

出版后记

一句话就可以阐述作者在这本书中为我们描绘的图景：世界不是平的。

从字面上讲，作者带领我们乘上波利尼西亚的双身独木舟，于太平洋的潮汐与日月中颠簸；然后钻入亚马孙流域的森密丛林，在神秘仪式中飘游于混沌初开与悠远未来；接着登上安第斯和内华达山脉，感受能够平衡人类心灵及大自然一切能量的永恒法则……

非洲、大洋洲、南美洲、澳洲、东南亚、北极，作者踏遍了世界的边缘，也是我们潜意识中所认为的文明的边缘，那里遍布山巅与低谷，高高低低，充满了让浸润在平乏无味的现代文明之中的我们感到好奇的异象。

听起来这就像无数旅游或猎奇类的小册子，不过是浪漫的怀旧或田园牧歌式风景的拼贴集，用壮美的景象震撼我们日复一日被效率与数字奴役的心灵。但实际上，作者所说的"世界不是平的"绝不仅仅是字面上的意思，它挑战的是吞噬一切、夷平一切的单一文明观。

书中的一段话很好地总结了作者的看法：

　　如果社会是以超凡的科技能力作为评比标准，西方科学实验的光芒四射与出色高超，无疑稳居龙头。但如果评比标准转变成用真正永续的方式让生命茁壮繁荣，或是对地球真正的崇敬与欣赏，那西方的典范就会败下阵来。如果说最能驱动人类热情的是信仰的力量、精神直觉的能力、能够包容各种宗教憧憬，那我们那些武断的教条又会再次不符合标准。

如果这种对比和评判仍然无法很有说服力地让人们认识到尊重多元文化的重要性，那么轻视这种重要性所引发的诸多冲突却无法让我们无视这个问题：

> 这些跟传统切断连接的人，绝大多数的命运都不是获得西方的繁荣，而是加入众多城市穷人的行列，被困在脏乱中勉强糊口。当文化凋零枯萎之后，人们依旧活着，却成了过去的幽灵，陷入两难，无法回到过去，却也没有真正的机会一圆赶上西方的梦想，既无法实践他们效尤的价值，也不能创造他们渴望的财富。这制造出一种危在旦夕的处境，因此，多元文化的困境不仅牵涉到怀旧或人权，更是地缘政治稳定和生存的严肃议题。

如何避免因此而产生的龃龉与冲突，再一次，作者指出文化能够帮助我们驯化野蛮之心：

> 文化不是微不足道的。文化不是装饰或艺术品，也不是我们唱的歌，或我们吟诵的祈祷文。文化是一张舒适的毛毯，赋予生命意义，也是一套完整的知识，让个人能够从无穷无尽的生命经验中寻找价值，并在不具意义与秩序的宇宙中创造属于自身的意义与秩序。文化是大量的定律与传统，是道德伦理规范，能将人

们与野蛮之心隔离开来，而历史显示，野蛮之心就只是在全人类社会乃至全人类的表面之下。如同林肯所说，单凭文化，就能使我们触及天性较美好的那一面。

希望读者能够在作者这位寻路人的启发下，获得更加立体的看待世界的眼光，明白什么是生命，什么又是生命的意义；明白什么是文化，为什么需要尊重多元文化。

服务热线：133-6631-2326　188-1142-1266

读者服务：reader@hinabook.com

后浪出版公司

2019 年 5 月